DEMOCRACIA

PARA

Angela Davis

Patricia Hill Collins

Silvia Federici

com participações de

Adriana Ferreira da Silva, Bianca Santana, Eliane Dias, Raquel Barreto e Winnie Bueno

QUEM?

DEMOCRACIA PARA QUEM?

ensaios de resistência

prefácio
MARCELA SOARES

© Boitempo, 2023

Direção-geral	Ivana Jinkings
Coordenação editorial	Frank de Oliveira
Edição de texto e notas	Gilberto Maringoni
Coordenação de produção	Livia Campos
Preparação	Trisco Comunicação
Transcrição e tradução	VComunicações
Assistência editorial	Allanis Ferreira e João Cândido Maia
Revisão	Renata Sangeon
Capa	Daniel Justi
	a foto de Angela Davis é da Wikimedia Commons, as de Patricia Hill Collins e Silvia Federici são de Artur Renzo/Acervo Boitempo
Diagramação	Antonio Kehl

Equipe de apoio Ana Slade, Davi Oliveira, Elaine Ramos, Frederico Indiani, Higor Alves, Isabella Meucci, Isabella Teixeira, Ivam Oliveira, Kim Doria, Letícia Akutsu, Luciana Capelli, Marcela Sayuri, Marina Valeriano, Marissol Robles, Mateus Rodrigues, Maurício Barbosa, Pedro Davoglio, Raí Alves, Renata Carnajal, Thais Rimkus, Tulio Candiotto

---

CIP-BRASIL. CATALOGAÇÃO NA PUBLICAÇÃO
SINDICATO NACIONAL DOS EDITORES DE LIVROS, RJ

D292d

Davis, Angela
 Democracia para quem? : ensaios de resistência / Angela Davis, Patricia Hill Collins, Silvia Federici. - 1. ed. - São Paulo : Boitempo, 2023.

 ISBN 978-65-5717-253-7

 1. Feminismo. 2. Feministas negras. 3. Negras - Atividades políticas. 4. Mulheres-Atividades políticas. 5. Movimentos sociais. I. Collins, Patricia Hill. II. Federici, Silvia. III. Título.

 CDD: 305.42
 CDU: 141.72

23-85531

Meri Gleice Rodrigues de Souza - Bibliotecária - CRB-7/6439

Este livro compõe a trigésima oitava
caixa do clube Armas da crítica.

É vedada a reprodução de qualquer parte deste livro sem a expressa autorização da editora.

1ª edição: dezembro de 2023

BOITEMPO
Jinkings Editores Associados Ltda.
Rua Pereira Leite, 373
05442-000 São Paulo SP
Tel.: (11) 3875-7250 / 3875-7285
editor@boitempoeditorial.com.br
boitempoeditorial.com.br | blogdaboitempo.com.br
facebook.com/boitempo | twitter.com/editoraboitempo
youtube.com/tvboitempo | instagram.com/boitempo

Sumário

Nota da edição 7

Prefácio. Tempo de recomeços, *Marcela Soares* 11

Angela Davis 21

Patricia Hill Collins 57

Silvia Federici 93

Sobre as autoras 123

Nota da edição

Este livro apresenta uma versão compactada das palestras de três intelectuais do movimento feminista, que se tornaram referência global: Angela Davis, Patricia Hill Collins e Silvia Federici. Ao longo das últimas cinco décadas, de maneira diversa, elas acabaram por redefinir vários parâmetros do feminismo surgido a partir do segundo pós-guerra. Desde os anos 1960/1970, nuances antes pouco perceptíveis vieram à tona nesse universo. O feminismo da mulher trabalhadora, periférica e negra emergiu com força e apresentou uma radicalidade intrínseca maior que em manifestações anteriores. Conteúdos classistas e raciais passaram a ser levados em conta a cada luta.

As palestras aconteceram de 15 a 19 de outubro de 2019, no âmbito do seminário internacional "Democracia em Colapso?", promovido pelo Sesc São Paulo e pela Boitempo, com apoio da Fundação Rosa Luxemburgo, da Fundação Maurício Grabois e do Clacso, e promoção da *Folha de S.Paulo*, das revistas *Marie Claire Brasil*, *Quatro Cinco Um* e *CartaCapital* e da Rede Brasil Atual. O evento, realizado em sua maior parte no Sesc Pinheiros, em São Paulo, contou ainda

8

com a presença de mais de cinquenta palestrantes, entre eles Alysson Mascaro, Antonio Carlos Mazzeo, Christian Dunker, Ferréz, Leda Paulani, Michael Löwy, Luis Felipe Miguel, Marilena Chaui, Ricardo Antunes, Thula Pires, Vírgínia Fontes, Vladimir Safatle. Vale destacar também a participação nos debates de Adriana Ferreira da Silva, Bianca Santana, Eliane Dias, Raquel Barreto e Winnie Bueno.

Aqueles eram os últimos meses pré-pandemia. No início do ano seguinte, o terror sanitário, negacionista e golpista de Jair Bolsonaro e de seus aliados – Forças Armadas, milícias, mercado financeiro e pastores fundamentalistas – submeteu a democracia brasileira ao mais profundo estresse desde a redemocratização, em 1985. O evento paulistano ganhou um novo e pesado sentido quando o colapso das instituições brasileiras esteve na ordem do dia. A afluência de público – que nos meses seguintes se manifestaria majoritariamente por meios virtuais – antevia assim uma inquietação com motivações palpáveis.

Angela Davis destacou na ocasião que não pode haver democracia sem a participação feminina. "Quando as mulheres negras se moveram em direção à liberdade, elas nunca representaram apenas elas mesmas. Representaram todas as suas comunidades negras, indígenas, pobres, comunidades que sofreram exploração econômica, opressão de gênero e violência racial. Quando as mulheres negras se levantam, o mundo se levanta conosco", disse ela no auditório do Parque Ibirapuera, diante de um público de mais de vinte mil pessoas.

Quase dialogando com sua companheira, Patricia Hill Collins, em outra palestra, fez a pergunta básica: "O que é feminismo negro?".

Ela respondeu longamente, lembrando-se de questões existenciais de morte e violência enfrentadas por mulheres e homens afro-americanos. "Não faz diferença pensar em liberdade para pessoas negras sem pensar no que isso significa tanto para homens negros quanto para mulheres negras, assim criando e reconhecendo a natureza específica do gênero na experiência de viver o cativeiro e de resistir a ele", afirmou.

Em uma reflexão complexa sobre a dominação de classe e de gênero, Silvia Federici atentou para particularidades das lutas libertárias: "As mulheres estão reconstruindo os bens comuns em todo lugar. [...] Estão defendendo seus bens quando defendem a floresta ou a terra ou as águas de uma empresa de mineração ou de petróleo. Estão defendendo seus bens comuns, estão dizendo que a Terra pertence a todos e todas".

Esses trechos são aperitivos. Os depoimentos continuam mais atuais ainda após a derrota eleitoral do terror fascista no Brasil. Sua completa erradicação não será tarefa fácil. É uma luta de mulheres e homens para que a democracia jamais entre em colapso.

Prefácio
Tempo de recomeços

Marcela Soares

Foi um longo período, de uma escancarada caça aos corpos "não formatados" no padrão branco cisheteropatriarcal, somado a todo tipo de ataque à ciência e às instituições democráticas brasileiras penosamente construídas. Os efeitos nocivos desse hiato são profundos e nada fáceis de serem superados.

A pergunta apresentada como tema do seminário "Democracia em Colapso?", naquele ano de 2019, representava a angústia de um período em que se inaugurou o discurso desavergonhado de apologia à violência, de ojeriza aos direitos humanos e de apelo a uma proposta negacionista e irracional de despossessão e destruição. Não apenas dos direitos fundamentais e sociais, mas das possibilidades de sobrevivência dos povos das florestas e quilombolas, dando notoriedade à permanente sanha capitalista da expropriação para garantir a valorização do valor, sob as melhores circunstâncias, à custa da vida de milhares.

A irrazão não é e não foi uma exceção histórica do desgoverno passado. Deve ser reconhecida como parte constitutiva da racionalidade

12

burguesa, que, para viabilizar sua gênese e seu desenvolvimento, se valeu de atitudes na contramão dos avanços e conhecimentos técnico-científicos estruturantes da modernidade. Sobretudo quando abandona seu período revolucionário, a reação burguesa, para conservar-se e legitimar-se, envolveu-se no mix "razão miserável" e "destruição da razão"[1], garantindo sua dominação, expansão e exaltação do valor. Destacadamente, por intermédio das teorias modernas do racismo, do darwinismo social, dentre outras que validavam ações pregressas como a colonização, a escravização e o controle dos corpos femininos, assim como atos posteriores, tais quais o neocolonialismo, na ascensão da fase imperialista do capitalismo. Uma trajetória sócio-histórica inteligível rumo a um modo de organização produtivo e reprodutivo da vida social que instituiu, em suas relações sociais, hierarquias que dominam e colocam como subalternos seres humanos, territórios e países, salvaguardando a sujeição em nome do desenvolvimento e da civilização.

As valiosas contribuições do presente livro, das intelectuais e ativistas estadunidenses Angela Davis e Patricia Hill Collins, assim como da pensadora italiana Silvia Federici, ressaltam, mediante distintas perspectivas teórico-metodológicas numa mesma compreensão, como a "lógica colonizadora" consolidou a representação da humanidade "por humanos brancos. Humanos cuja história é de escravização e de colonização. Essa lógica leva a uma hierarquia interna na categoria de humanos, e é essa mesma forma de colonização que as pessoas dos Estados Unidos impõem aos povos das Américas"[2].

---

[1] Ver G. Lukács, *A destruição da razão* (São Paulo, Instituto Lukács, 2020).

[2] Ver, neste volume, p. 27.

Na interpretação de que ocorre uma ressignificação das expropriações fundantes promovidas pela "colonização, [pela] escravidão [e pela] caça às bruxas [que], de diferentes maneiras, [se reciclam] até o presente, com guerras mundiais e [que], hoje, com um estado permanente de exposição mundial que vem sendo feita em várias formas"[3].

Tal transcurso demonstra a fundação essencialmente contraditória da democracia burguesa, na qual a relação entre liberdade e igualdade está no plano jurídico-formal com sua antípoda experienciada em distintos matizes do aprisionamento. Pois a opressão-exploração capitalista promove a sensação – sobretudo para aquelas e aqueles que estão na "base da pirâmide hierárquica" – de que a "palavra 'cativeiro' pode ter desaparecido com o tempo, mas o mesmo não aconteceu com as tecnologias que mantêm esse cativeiro, seus resultados e a subordinação racial"[4].

As respostas à pergunta do seminário que se apresentam no presente livro – tanto para o período histórico de efervescência da irrazão com expressões contemporâneas nazifascistas no Brasil e no mundo como para o próprio modo de ser burguês – demonstram a vitalidade e a indispensabilidade da unidade na luta assentada na práxis daquelas que estão na "base da pirâmide".

Angela Davis, em sua fala no seminário, confere nexo à unidade na diversidade da luta das classes trabalhadoras. A ideologia burguesa, ainda que apresente e defenda a liberdade como um princípio, de-

---

[3] Ver, neste volume, p. 96.

[4] Ver, neste volume, p. 65-6.

14

monstra exatamente seu avesso, porque sua capacidade civilizatória sempre foi essencialmente contraditória[5] e, em sua fase contemporânea, diante da crise estrutural[6], tem se esgotado e exprime de forma violenta suas relações sociais de dominação, expropriação, opressão-exploração e alienação.

Em razão do que vivemos em nosso país, que é o terceiro em população carcerária mundial, Angela Davis ressalta como na realidade estadunidense o regime penitenciário de aprisionamento de uma maioria negra, sob a ideologia neoliberal, recicla "a história dos princípios da democracia dos Estados Unidos, que executavam o projeto de estender direitos e liberdades a alguns enquanto os negavam a outros, em especial a pessoas negras escravizadas ou sujeitas à escravização"[7].

Podemos fazer um paralelo ao que Patricia Hill Collins destaca ao se referir à violência como "dominação e reprodução do cativeiro" e à violência de gênero como "tecnologia de dominação", nas dramáticas circunstâncias de trabalho degradantes combinadas com jornadas exaustivas vividas pelas 57 trabalhadoras domésticas, predominantemente mulheres negras, resgatadas da escravização contemporânea do seio da "família tradicional brasileira", entre 2017 e 2022.

---

[5] No que se refere à análise crítica dessa contradição, Engels destaca: "Nesse tocante, é sintomático do caráter especificamente burguês desses direitos humanos que a Constituição norte-americana, a primeira a reconhecer os direitos humanos, tenha, no mesmo fôlego, confirmado a escravidão dos negros vigente na América do Norte: as prerrogativas de classe foram excomungadas, e as prerrogativas de raça, santificadas"; Friedrich Engels, *Anti-Dühring* (trad. Nélio Schneider, São Paulo, Boitempo, 2015, p. 137).

[6] István Meszáros, *A crise estrutural do capital* (trad. Marcus Vinicius Mazzari, São Paulo, Boitempo, 2009).

[7] Ver, neste volume, p. 33.

A reprodução da vida é algo essencial para responder às necessidades vitais e sócio-historicamente estabelecidas da humanidade. É algo que na particularidade do modo de produção e reprodução da vida capitalista estabeleceu aparentes cisões e inúmeras contradições. Uma das principais consequências é o ocultamento da importância do trabalho reprodutivo, sobretudo aquele executado majoritariamente por mulheres na esfera doméstica. Nosso recente passado escravocrata agrava as condições dessas mulheres, que vendem sua força de trabalho para sobreviver, garantindo a reprodução social de diversas famílias, as quais transformam o contrato de trabalho em uma suposta relação de afeto para surrupiar os direitos e salários, revivendo os tempos da escravização.

O controle sobre os corpos femininos, sobretudo sobre nossos corpos negros, a negação dos nossos direitos reprodutivos traduz de forma sistemática as políticas eugenistas, ao extrair literalmente, sem nosso consentimento, nossos úteros ou nosso direito à maternidade, para cuidarmos das crianças das famílias burguesas – ou, ainda, ao subtrair a vida dos nossos filhos, como corpos marcados para morrer. Impossível esquecer do caso, durante as políticas de isolamento da pandemia do novo coronavírus, de Mirtes, trabalhadora doméstica que saiu para passear com o cachorro da patroa e perdeu seu filho Miguel, de cinco anos, que caiu do nono andar do prédio residencial de luxo em que trabalhava no Recife, após tê-lo deixado sob os cuidados da sua empregadora.

Nesse mesmo período, de 2017 a 2022, o número de feminicídios aumentou 37% no Brasil[8], e as mulheres negras representavam 62%

---

[8] Debora Piccilirillo e Giane Silvestre, "Aumento dos feminicídios no Brasil mostra que mulheres ainda não conquistaram o direito à vida", *G1*, 8 mar. 2023; disponível em:

16

das vítimas de feminicídio no país[9]. Significam corpos disciplinados, violados e descartados. "A razão para muitos homens poderem matar uma mulher é por sentirem que não serão punidos."[10]

Não podemos considerar uma coincidência esse aumento justamente após o golpe jurídico-parlamentar que afastou a presidenta Dilma Rousseff, e o movimento consequente de ascensão à presidência de Jair Bolsonaro. Como não lembrar a retomada do Estatuto do Nascituro, com o discurso raivoso e colonizador da ex-ministra da Mulher, Família e Direitos Humanos, Damares Alves, para institucionalizar a violência e o domínio sobre o destino da vida das mulheres, em que o óvulo fecundado passa a ter mais direitos que nós?

Silvia Federici salienta como isso não é uma exclusividade brasileira: a "ressurgência da caça às bruxas" com "novas" formas de acumulação capitalista, porque o "ataque a terras de comunidades, o processo de empobrecimento, o deslocamento de toda uma população, [conecta-se] com a caça às bruxas e [...] com o alastramento ao redor do mundo de muitas seitas protestantes que usam como retórica a ideia do demônio e da conspiração do demônio e pecado etc."[11].

<https://g1.globo.com/monitor-da-violencia/noticia/2023/03/08/aumento-dos-femini cidios-no-brasil-mostra-que-mulheres-ainda-nao-conquistaram-o-direito-a-vida.ghtml>; acesso em: 10 mar. 2023.

[9] Bom dia, Brasil. "Mulheres, negras representam 62% das vítimas de feminicídio no Brasil, aponta Anistia Internacional", *G1*, Brasília, 28 mar. 2023; disponível em: <https://g1.globo.com/bom-dia-brasil/noticia/2023/03/28/mulheres-negras-representam-62percent-das-vitimas-de-feminicidio-no-brasil-aponta-anistia-internacional.ghtml>; acesso em: 28 mar. 2023.

[10] Ver, neste volume, p. 119.

[11] Ver, neste volume, p. 120.

Exatamente nesse tempo de obscurantismo, tivemos a recuperação do Projeto de Lei 490/2007, conhecido como Marco Temporal, que é mais uma demonstração desse processo, voltado para expropriar o direito constitucional dos indígenas trabalhando com as possibilidades de demarcação do seu território, facilitando a intrusão de empreendimentos agropecuários, mineradoras, garimpo ilegal, carvoarias, além de acentuar a violência e o exacerbado desmatamento da região amazônica[12]. Sem falar do descrédito em relação aos depoimentos das comunidades indígenas sobre as variadas agressões que têm sofrido, a exemplo do caso das mulheres e adolescentes estupradas e mortas[13].

As expropriações, praticadas pelas classes dominantes, operam com furor para aniquilar a fala, o dissenso e os corpos subalternizados pela generificação e racialização. Constituiu-se, portanto, uma marca da construção democrática brasileira, que, além de impedir ou cooptar a manifestação, desacredita e desvalida os depoimentos ou minimiza as agressões, com o desígnio de ceifar a vida daquelas e daqueles que não se conformam com as injustiças intrínsecas da sociabilidade burguesa.

Mulheres negras, indígenas e ativistas emudecidas pelas mais diversas bandeiras – como Marielle Franco, silenciada brutalmente e lembrada

---

[12] Redação RBA, "Com Bolsonaro, desmatamento da Amazônia Legal é o maior dos últimos 15 anos, revela Imazon", *Rede Brasil Atual,* Brasil, 17 ago. 2022; disponível em: <https://www.redebrasilatual.com.br/ambiente/2022/08/com-bolsonaro-desmatamento-da-amazonia-legal-e-o-maior-dos-ultimos-15-anos-revela-imazon/>; acesso em: 20 set. 2022.

[13] Carlos Fausto e Luiz Costa, "Estupro e assassinato de indígenas atestam nosso fracasso civilizacional". *UOL, Folha online*, Brasil, 22 maio 2022; disponível em: <https://www1.folha.uol.com.br/ilustrissima/2022/05/estupro-e-assassinato-de-indigenas-atestam-nosso-fracasso-civilizacional.shtml>; acesso em: 27 mar. 2023.

18

por Angela Davis, e Preta Ferreira, colocada em prisão – demonstram o *modus operandi* das burguesias brasileiras. Nosso país é o quarto do mundo que mais assassina ativistas ambientais, e nossas burguesias, por intermédio de capatazes, pistoleiros e milicianos, visam liquidar qualquer movimento contra-hegemônico.

Inúmeras lutadoras e lutadores perderam a vida em busca de justiça, como o ecologista Chico Mendes, a missionária católica Dorothy Stang, o trabalhador rural Reginaldo Alves Barros, a sindicalista Maria da Luz Benício de Sousa, o cacique Emyra Wajãpi, dentre outros. Assim como aconteceu mais recentemente com o jornalista Dom Phillips e o indigenista Bruno Pereira, que denunciavam a devastação da região amazônica e suas consequências perversas para os povos indígenas. Temos políticas de silenciamento que se transmutam ao longo da história e que visam velar as distintas agressões da sociedade capitalista, sentida diversamente no cotidiano das classes trabalhadoras e subalternizadas.

Embora essas três mulheres, ativistas e intelectuais internacionais, tenham perspectivas distintas, elas ajudaram a fazer florescer o debate no Brasil e no mundo, o que nos motiva a recuperarmos autoras "esquecidas"[14], resgatarmos a história pouco ou não contada do nosso país, assim como os fundamentos marxianos e teorias invisibilizadas. Com sua atuação, elas contribuem para a elaboração de um profícuo arcabouço, que tem por propósito uma interpretação ontológica da vida social capitalista, para a construção de uma práxis emancipatória.

---

[14] Aqui no Brasil, para elucidarmos as particularidades da nossa formação econômico--social e o novelo capitalismo-racismo-patriarcado, revivemos as brasileiras Lélia Gonzalez e Heleieth Saffioti.

As tarefas são árduas nas batalhas cotidianas e, neste tempo de reconstrução, não podemos nos enganar com as apropriações das bandeiras das nossas lutas pelos ideólogos do capital. As ativistas deste livro asseveram que não nos basta a representatividade se a maioria continua a viver em cativeiro[15]. O orgulho de avanços individuais de mulheres, principalmente das negras, pode significar "uma operação mais eficiente dos sistemas opressivos"[16].

Iniciamos um novo tempo de recomeços e de desafios, por isso é necessário reconstruirmos as possibilidades de nos organizarmos e de nos movimentarmos por meio de uma política da esperança, porque sem esperança não existem possibilidades de luta[17]. "A liberdade é, de fato, uma luta constante"[18], que se realiza em nossas batalhas contra o racismo, contra o cisheteropatriarcado e contra os ataques ao meio ambiente de forma que possamos transformar radicalmente essa sociabilidade destrutiva.

---

[15] Ver, neste volume, p. 40.

[16] Ver, neste volume, p. 39.

[17] Ver, neste volume, p. 69.

[18] Ver, neste volume, p. 40.

ANGELA DAVIS

"Há muita luta para se afirmar a democracia."

Adriana Ferreira da Silva[1]

Poucas pessoas viveram experiências tão dramáticas quanto essa filósofa e professora emérita da Universidade da Califórnia. Em sua autobiografia política, escrita em 1972 e finalmente lançada no Brasil pela Boitempo, Angela Davis descreve o cenário de sua infância, quando descobriu o racismo, morando num bairro que ficou conhecido como Dynamite Hill, ou Colina Dinamite. O nome se deve aos constantes bombardeios realizados por racistas e supremacistas brancos para intimidar e expulsar os vizinhos, famílias negras de classe média que começavam a se mudar para a região. A situação não era muito melhor em outros bairros de Birmingham, cidade no Alabama onde ainda existia segregação quando Angela nasceu, em 1944.

---

[1] Adriana Ferreira da Silva é jornalista especialista em estratégias e conteúdo digitais, e editora voltada a pautas interseccionais com recorte de gênero, representatividade e inclusão. Atuou nos últimos vinte anos como repórter e editora em grandes veículos de mídia impressa e como colunista da rádio CBN. Entre seus projetos recentes está a concepção, criação e produção do Power Trip Summit, primeiro e maior encontro de liderança feminina do Brasil.

24

Em Nova York, onde cursou o Ensino Médio, ela descobriu que, apesar de a segregação não ser instituída como no restante dos Estados Unidos, tampouco era verdade a propalada harmonia racial do norte do país. O racismo estava entranhado nas estruturas políticas e sociais, gerando perseguição à população negra.

Graduada pela Universidade de Brandeis, em Massachusetts, Angela especializou-se em francês e em cultura francesa em Paris [na primeira metade dos anos 1960]. Lá conheceu o professor Herbert Marcuse, que a apresentou à Teoria Crítica e a instigou a estudar filosofia em Frankfurt, na Alemanha.

Nesse mesmo período, no entanto, o movimento pelos direitos civis e pela libertação negra fortalecia-se nos Estados Unidos, com a criação de organizações como o Partido dos Panteras Negras, na Califórnia, uma reação à brutalidade policial. Angela decidiu voltar para casa. Em 1967, desembarcou na Califórnia e passou a atuar ao lado de diversas organizações do movimento Black Power, além de filiar-se ao Partido Comunista.

No começo dos anos 1970, ela estava engajada na luta pela libertação de três jovens ativistas encarcerados na Prisão de Soledad, quando o adolescente Jonathan Jackson, irmão de George Jackson, um dos três presos políticos, utilizou uma arma comprada por Angela numa ação que previa o sequestro de um juiz como moeda de troca pela liberdade dos rapazes. O evento terminou com a morte do magistrado, do próprio Jonathan e de outras pessoas. Como consequência, a ativista foi acusada de sequestro, conspiração e assassinato. À época, eram todos crimes puníveis com pena de morte, o que a levou a uma fuga de dois meses. Seu nome foi incluído na lista dos dez fugitivos mais procurados pelo FBI.

A prisão de Angela, em 13 de outubro de 1970, deu início a uma campanha por sua libertação que levou centenas de milhares de pessoas às ruas no mundo todo. O movimento de denúncia e sensibilização garantiu, após dezesseis meses de cárcere, que ela fosse finalmente julgada e declarada inocente. O feito representou uma vitória para o movimento em favor dos presos políticos. Desde então, Angela Davis dedica sua vida à luta pela abolição do sistema prisional, aos estudos das relações de continuidade entre o passado escravagista e o atual complexo industrial-prisional, à defesa do fim da militarização da polícia e às reflexões sobre o papel da mulher negra na sociedade.

É desse tema, especificamente, que trata o livro *Mulheres, raça e classe*[2], lançado pela Boitempo. A obra traz uma das primeiras análises feministas negras sobre a experiência da escravidão nas Américas, em textos que serviram de base para o surgimento de teorizações sobre o feminismo negro, sobre a relação entre reflexão intelectual e militância política e também para o estudo da interseccionalidade, conceito fundamental quando são abordadas as categorias de opressão de gênero, raça e classe. Para a escritora e poeta estadunidense Alice Walker, Angela é a prova de que é possível sobreviver, resistir e superar a força máxima do poder corporativo e o Estado focado na destruição de alguém importante, porque esse alguém inspira a solidariedade coletiva.

---

[2] Angela Davis, *Mulheres, raça e classe* (trad. Heci Regina Candiani, São Paulo, Boitempo, 2016).

26

Angela Davis

Esta é minha primeira visita a São Paulo. Permitam-me agradecer à Boitempo e ao Sesc por terem me convidado para participar do seminário internacional "Democracia em Colapso?".

Ao mesmo tempo que esta conferência acontece aqui no Brasil, conversas semelhantes ocorrem nos Estados Unidos, no Reino Unido, nas Filipinas e em outras partes do mundo onde a democracia está sob ataque.

Sou especialmente motivada pelas discussões aqui do Brasil por lembrar que, há não muito tempo, amantes da liberdade ao redor do mundo, incluindo eu mesma, viam o país como nosso farol de esperança. O Brasil não era apenas o país que nos mostraria o caminho em direção à justiça econômica, mas também o que finalmente havia reconhecido a representação falaciosa da democracia racial. Essa terra demonstraria ao mundo como iniciar um processo em direção à igualdade substancial, racial e de gênero. O Brasil era nossa esperança. O caminho em direção ao futuro surgia na medida em que os afro-brasileiros, especialmente as mulheres afro-brasileiras, estavam se erguendo e redefinindo a democracia, fazendo exigências democráticas radicais de justiça econômica, política e social. Lembram-se da Marcha das Mulheres Negras contra o racismo, contra a violência e a favor do bem-viver e da boa vida, em 2015? Essa repercussão foi sentida ao redor de todo o mundo.

Quando palestrei na Universidade Federal da Bahia, no verão de 2017, durante o Julho das Pretas, pude sentir pessoalmente a energia que impulsionava a demanda por mudanças. E me lembro que, depois de nossa irmã Marielle Franco ser assassinada, e depois das eleições do último ano [2018], compareci ao Encontro Nacional de Mulheres Negras, em Goiânia. Ainda que as pessoas estivessem em profundo luto por Marielle e muito perturbadas com o golpe contra Dilma Rousseff e com a prisão de Lula, elas também expressavam sua determinação de continuar a luta em prol da liberdade.

Marielle vive. E continua sendo um farol de esperança para as pessoas que acreditam profundamente, como ela mesma acreditou, na possibilidade iminente da transformação racial no Brasil, nas Américas e em todo o mundo. Ela não acreditava que o racismo estava destinado a ser uma característica permanente na sociedade humana. Mesmo com um legado de quinhentos anos, o racismo pode ser abolido.

Vocês devem saber que, por razões políticas, sempre critico a identidade "americana" referente a nós que vivemos no lugar chamado, desde 1700, de Estados Unidos da América. Como se as pessoas que vivem nos Estados Unidos fossem as únicas, em todo o hemisfério, que representam as pessoas da região. Na realidade, se houvesse um país para representar todos os povos da região, este seria o Brasil e não os Estados Unidos.

É a mesma lógica colonizadora que permite à categoria "humano" ser representada por humanos brancos. Humanos cuja história é de escravização e de colonização. Essa lógica leva a uma hierarquia interna na categoria de humanos, e é essa mesma forma de colonização que as pessoas dos Estados Unidos impõem aos povos das Américas.

28

Eu já disse muitas vezes que ficaria orgulhosa de ser chamada de americana se a designação significasse relações igualitárias entre todos os povos do hemisfério. Marielle Franco seria, portanto, minha camarada-irmã americana. Essa América imaginária assume o reconhecimento dos povos indígenas, assume o eventual definhamento do Estado-nação e reconhece que o Estado, formado por uma suposta identidade coletiva natural, é ideológico. Ele está ligado historicamente ao crescimento do capitalismo e de sua burguesia.

É por isso que as democracias mais antigas, como as dos Estados Unidos e da França, privilegiaram sempre a classe burguesa branca, mas nem mesmo toda a burguesia branca, pois as mulheres eram excluídas, assim como os homens brancos pobres.

Os feminismos negros da região, como os representados pelos legados de Marielle Franco, Luiza Bairros, Lélia Gonzalez, Carolina Maria de Jesus e tantas outras no Brasil, ajudaram a mudar nossa forma de pensar sobre democracia. Também estou pensando no movimento de mulheres negras da Colômbia e sobre o fato de que, na Costa Rica, Epsy Campbell foi eleita a primeira mulher negra vice-presidente na América Latina.

Todos esses feminismos negros nos convocam a reimaginar nossas conectividades, nossas relacionalidades, e a perguntar como elas podem se expressar se não estivermos sempre onerados pelas estruturas cada vez mais obsoletas do Estado-nação capitalista. Povos indígenas ao redor das Américas nos lembram continuamente que este não é o mundo que sempre existiu. E, como Marx e muitos outros apontaram, se isso não existiu no passado, não há um imperativo interno que insista na permanência da formação do Estado com seus militares, sua polícia e seus muros fronteiriços. Se isso não existiu no passado, pode inexistir no futuro.

Marielle Franco sabia que a liberdade é uma luta constante. E seu legado é defendido por aqueles que continuam lutando contra o racismo, a violência, a homofobia e a destruição do meio ambiente.

A ativista do Movimento Sem Teto Janice Ferreira da Silva, Preta Ferreira, foi presa [entre 24 de junho e 10 de outubro de 2019]. Ela afirmou [após sair da cadeia]: "O que esse processo me ensinou enquanto sujeito, mulher, negra, militante e pobre é que eu não posso parar. Ensinou que devo continuar". Ela disse mais: "Não se trata apenas de libertar Preta. Se trata de libertar 'pretas'". E todo mundo deveria reconhecer que afirmar "libertem as mulheres negras" significa dizer "queremos liberdade para todas".

Quando consideramos as lutas históricas das mulheres negras por todo este hemisfério, reconhecemos que não pode haver democracia sem a nossa participação. E, inversamente, quando as mulheres negras se moveram em direção à liberdade, elas nunca representaram apenas elas mesmas. Representaram todas as suas comunidades negras, indígenas, pobres, comunidades que sofreram exploração econômica, opressão de gênero e violência racial. Quando as mulheres negras se levantam, o mundo se levanta conosco. Essa é uma lição importante sobre a luta pela democracia. Uma democracia que exclui pessoas negras não tem nada de democrática, uma democracia que exclui mulheres negras não tem nada de democrática.

30

Se você quer entender o segredo dos caminhos estabelecidos em direção à democracia, observe os movimentos liderados por mulheres negras. Erga-se com elas, apoie-as e convoque outras pessoas para se unirem a elas. Se fizermos isso, estaremos nos unindo aos movimentos populares que estão realmente destinados a mudar o mundo.

A democracia é muito complicada, e vai além do processo eleitoral que nos permite escolher representantes políticos. Além disso, historicamente, temos sempre presenciado democracias profundamente falhas. São democracias que estiveram ativamente engajadas com a exclusão, que têm coexistido com a escravidão, com a colonização e com o genocídio indígena. São democracias que coexistiram e foram moldadas pela supremacia branca. Enfim, são democracias que tratam os povos indígenas como invisíveis.

Mas o que estou dizendo? Tudo isso não contradiz completamente o significado de democracia, não anula sua noção básica? Quem já ouviu falar em uma democracia baseada na exclusão do próprio povo que deveria ser protegido por ela? Uma democracia de supremacia branca?

O ponto a que pretendo chegar é que seria um grave erro presumir simplesmente que precisamos voltar a um período anterior à atual presidência [de Donald Trump], nos Estados Unidos da América, e do Brasil [Jair Bolsonaro]. O presidente daquele país quer voltar a um passado anterior às leis dos direitos civis, anterior à consciência sobre o assédio sexual e a violência e anterior à nossa consciência sobre os direitos dos imigrantes. Ele quer anular nossas vitórias de justiça social.

O presidente daqui parece se identificar com ditaduras militares e Estado policial. Eles querem voltar a um passado no qual os direitos dos negros, dos indígenas e das mulheres simplesmente não eram respeitados. Quero sugerir que seria um grande absurdo presumirmos que a democracia almejada reside no passado.

Aqui no Brasil, podemos apontar o momento da ascensão do Partido dos Trabalhadores, que representou novas possibilidades e novos futuros, mas essas esperanças foram dizimadas pelo impacto do capitalismo global. Essa tendência conservadora de olhar para o passado atrás de respostas é especialmente problemática nos Estados Unidos. Há aqueles que imaginam um hipotético governo de Hillary Clinton. Eu gostaria que ela tivesse sido eleita, mas é errada a suposição de que teríamos evitado a atual crise da democracia somente com a eleição dela.

A eleição de Hillary Clinton não teria resolvido as profundas desigualdades econômicas, a violência racista do Estado, a misoginia estrutural e toda uma gama de injustiças raciais. Existe uma instituição na qual todas essas desigualdades e injustiças estão profundamente arraigadas.

Venho trabalhando em presídios a maior parte da minha vida. E, portanto, gostaria de falar por um momento sobre a democracia e o presídio. Essa relação está ligada às estruturas do policiamento. As pessoas mais sujeitas à prisão são aquelas provenientes de comunidades pobres, alvos do racismo estrutural e da violência contra as mulheres.

Aqui no Brasil, existem estudiosos e ativistas que examinam e criticam o crescente papel da instituição prisional. Entre eles, há protestos crescentes contra o retorno da tortura em cadeias e presídios. Soube

32

que mulheres foram torturadas na Bahia e, em presídios masculinos, os prisioneiros são forçados a tirar suas roupas. Isso me lembra a rebelião de Attica e o massacre de seus prisioneiros [entre 9 e 12 de setembro de 1971]. Talvez vocês tenham visto as imagens de centenas de prisioneiros nus [o saldo foi de 43 mortos – 32 presos e 11 carcereiros – e mais de 80 feridos].

Isso me leva a refletir sobre a relação entre prisão e democracia. A instituição prisional foi o maior presente da democracia dos Estados Unidos para o mundo. O projeto desse país de firmar a prisão como modelo dominante de punição estava ligado à metamorfose pós-revolucionária [1776] do governo e da sociedade durante o final dos anos 1700 e início dos anos 1800. A ascensão da penitenciária era vista, simultaneamente, como uma evidência dramática de democratização. E, ao mesmo tempo, como sintoma não reconhecido da desigualdade racial, de gênero e de classe enraizada nas entranhas da estrutura da nova democracia.

A prisão como punição significava que a negação da liberdade propiciava a prova negativa da emergência da liberdade como padrão social. A negação da liberdade era, por assim dizer, a exceção que provava a regra. É interessante que, naquele período, havia aqueles que argumentavam que nem pequenos delitos nem grandes infrações criminais deveriam fornecer a justificativa para negar às pessoas sua liberdade. Mas havia radicais que clamavam pela abolição de todos os tipos de punição. Se essa perspectiva tivesse prevalecido nos Estados Unidos, talvez a invenção da penitenciária não tivesse ocorrido. Isso poderia ter mudado o mundo de diversas maneiras.

Desde o início, os argumentos pela abolição desse tipo de punição foram quase sempre sobrepostos por chamados à reforma prisional. Assim, a prisão tem se afirmado como uma instituição permanente e hegemônica na democracia estadunidense.

A pergunta que quero fazer é se uma análise mais profunda da relação entre prisão e democracia poderia estabelecer um ponto de vista mais produtivo para argumentarmos contra a hegemonia prisional e a favor da abolição das prisões. Isso inclui o Brasil.

A articulação das instituições carcerárias com ideologias neoliberais democráticas, voltadas contra a ameaça do terror, recapitula a história dos princípios da democracia dos Estados Unidos, que executavam o projeto de estender direitos e liberdades a alguns enquanto os negavam a outros, em especial a pessoas negras escravizadas ou sujeitas à escravização. Quero concluir esta conferência sobre a democracia em colapso dizendo: o aprisionamento está tão ancorado filosoficamente nas concepções liberais da democracia, marcada e infectada pela exclusão racial, que não somos mais capazes de pensar num mundo sem ele, muito menos em extinguir essa instituição sem reconceituar a democracia.

Isso requer que prestemos muita atenção às interdependências entre racismo e capitalismo, que são responsáveis pela instituição peculiar da democracia estadunidense. E, claro, a escravidão sempre foi referida como a "instituição peculiar". Alguns de vocês, que estudaram isso, devem estar cientes, mas prefiro achar que a instituição peculiar era a democracia.

34

A punição do aprisionamento, ao mesmo tempo que era fundamentada e constituída como negação de direitos e liberdades individuais, foi, de alguma forma, expandida para além dos limites da democracia. E, de forma bastante real, essa era a negação que a democracia liberal exigia como evidência de sua existência. Isso era, e continua sendo, o que podemos chamar de negação constitutiva da democracia liberal.

A punição carcerária, ou seja, a punição que consiste na privação de direitos e liberdades, só faz sentido dentro de uma sociedade que supostamente respeita direitos e liberdades individuais. É por isso que a prisão como punição só surge com a democracia capitalista. É preciso sublinhar democracia *capitalista*, principalmente se quisermos preservar a democracia pela qual lutamos. A democracia que está por vir. A democracia do futuro, que não é a democracia capitalista do passado.

Como o sujeito liberal-democrático sabe que está livre? Por não estar na prisão, não? Essa negação mostra o valor da liberdade. E, nesse sentido, é uma estrutura parecida com a escravidão. Como as pessoas sabiam que eram livres durante a era da escravidão? Elas podiam apontar para os escravos e dizer: "Eu sou livre porque não sou escravo". Hoje em dia, dizemos: "Sei que sou livre porque não estou preso".

Existe um persistente fascínio com a prisão. Presídios eram destinos turísticos no século XIX. Em 1858, 10 mil pessoas visitaram uma das principais penitenciárias dos Estados Unidos, a Eastern State[3].

---

[3] A Eastern State Penitentiary, localizada na Filadélfia (Pensilvânia), é uma das maiores e mais famosas instituições prisionais do mundo e esteve em operação entre 1829 e 1971. Tornou-se modelo de prisão de segurança máxima e funciona hoje como atração turística.

Alguns de vocês devem ter acompanhado a evolução dos movimentos contra o encarceramento em massa. A mim me parece que o chamado constante pela reforma democrática da prisão é o que mantém essa forma de punição viva até hoje. É o que permite a violência, a tortura e a perpetuação da noção de que a prisão é uma forma permanente de punição.

Onde podemos procurar inspiração para as lutas contemporâneas em prol da democracia?

Algumas pessoas diriam para procurar na França. Sabemos que a França ocupa uma posição muito importante na história da democracia, não é? Como é o lema? *Liberté, égalité, fraternité* [Liberdade, igualdade, fraternidade].

Mas a França não tem muito a nos ensinar no momento, principalmente quanto à noção de secularidade, noções discriminatórias de secularidade que estabelecem que mulheres muçulmanas não podem comparecer a eventos e espaços públicos usando o *hijab* [véu]. Além de casos de escolas que determinaram que o comprimento dos vestidos das garotas poderia ser transformado em justificativa para suspensão.

Vejamos os Estados Unidos, que se apresentam como a primeira democracia moderna. Não penso, contudo, que ajudem muito. Se pensarmos nas conceituações originais, elas se mostravam tão excludentes que há de se reconhecer que a época do surgimento da democracia nos Estados Unidos era, na verdade, a do surgimento de uma democracia da minoria. Uma democracia que incluía as pessoas brancas, mas não todas as pessoas brancas, porque, como indiquei,

36

as mulheres estavam excluídas. Ao mesmo tempo, os brancos pobres estavam excluídos. Era uma situação de uma democracia da minoria. Mas isso não soa como uma contradição em termos? Como se define a democracia? As definições mais simples referem-se ao domínio político da maioria, mas, se olharmos para um país como os Estados Unidos, desde o início era uma democracia da minoria. Penso que podemos reconhecer que praticamente cada passo adiante na democracia estadunidense foi conseguido por aqueles e aquelas que lutaram para contestar o racismo, a exploração econômica, o patriarcado, os ataques contra as pessoas transgêneras. Essas lutas são frequentemente designadas como políticas identitárias, interesses especiais. Se quiserem imaginar uma abordagem democrática, seria essa universalização global. Essa noção de todos. O que a constituição diz sobre todas as pessoas serem livres? Nós deveríamos colocar um parêntesis no documento fundador: "exceto escravos e pessoas negras; exceto mulheres; exceto pessoas pobres", e quando excluímos todas essas categorias, constatamos que temos uma minúscula minoria.

Bem, eu quero citar uma amiga, Linda Burnham, que por muito tempo vem observando a situação política nos Estados Unidos. Ela é uma militante feminista e contesta aqueles que se referem às lutas contra o racismo como política identitária. Linda diz: "Na minha experiência, defensores e organizadores da luta por justiça racial não se veem como fornecedores de política identitária, nem os militantes por direitos dos imigrantes, defensores dos direitos dos LGBTQ ou ativistas pelos direitos das mulheres. Em vez disso, ao lutar pela expansão da democracia para grupos particulares, eles aceleram o motor da renovação e da expansão da democracia para o todo. E, por experiência, sabem que soluções supostamente universalistas frequentemente trabalham para tornar ainda mais rígidas desigualdades já enraizadas".

Esse é um bom argumento para apresentar àqueles que dizem: "Você não deveria dizer que vidas negras importam. Você precisa dizer que todas as vidas importam". Observamos lutas em prol da justiça social em busca de inspiração, e não lutas pela simples inclusão, pois, de alguma forma, nos Estados Unidos, o bordão sempre foi "diversidade e inclusão". Enfatizamos a transformação social e a justiça. Reivindicamos não apenas a democracia política, mas a democracia econômica e social, uma revisão socialista e uma reorganização de nossas sociedades.

Cada vez mais mulheres estão assumindo posições de liderança em lutas por justiça social. Mencionei o Black Lives Matter, que atua nos Estados Unidos. Já visitei o Brasil muitas vezes. Sempre fiquei um tanto incomodada, porque sinto como se fosse eu quem devesse representar o feminismo negro. Por que vocês, aqui do Brasil, precisam procurar essa inspiração nos Estados Unidos? Eu não compreendo. Acho que aprendi mais com Lélia Gonzalez do que vocês jamais aprenderão comigo. Ela estava escrevendo sobre interseccionalidade antes mesmo de o termo existir. Ela nos convocou a desenvolver novas identidades políticas. Gosto dos termos que ela usa: ameríndio e amefricano. São conceitos amplos e inclusivos sem serem assimiladores.

Meu incômodo vem daí. Creio que nós, dos Estados Unidos, deveríamos estar aprendendo com essa tradição vibrante do feminismo negro brasileiro. E, como disse anteriormente, sobretudo por conta

38

do impacto do candomblé e das maneiras como a liderança feminina tem sido cultivada e encorajada. Isso é o que aprendemos com pessoas como a Lélia Gonzales: por mais importante que seja desmantelar as estruturas econômicas e políticas que promovem o racismo e a desigualdade de gênero, é importante também quebrar as estruturas ideológicas e culturais que, por exemplo, legitimam a violência de gênero e o assédio sexual.

Há muitas discussões ao redor do mundo sobre violência de gênero. O movimento Me Too, que existe há muito tempo; se eu tivesse tempo falaria das formas com que as mulheres negras, ao menos nos Estados Unidos, e sei que aqui no Brasil também, estiveram envolvidas nessa luta contra a violência por décadas e décadas. E também precisamos falar sobre essa violência de gênero estar embutida em certas formas de trabalho. É o caso do trabalho doméstico, por exemplo. Estou impressionada com o nível de organização dos trabalhadores domésticos aqui no Brasil, muito maior que na América. Vale notar que alguns dos líderes do movimento Black Lives Matter vêm dos movimentos dos trabalhadores domésticos estadunidenses. Alicia Garza é um exemplo disso. Também é importante pensar que essa violência está enraizada na instituição do casamento. E, claro, isso levaria a outra palestra. Deixarei vocês refletirem a respeito.

Outro ponto a ser abordado é que, se negligenciamos essas lutas ideológicas, o que é putativo [ou supostamente verdadeiro] avança. E se falarmos de mulheres, podemos dizer que o avanço putativo para as mulheres irá servir para fortalecer as mesmas estruturas que promovem as supremacias masculina e branca. Vocês conhecem o que chamamos de complexo industrial-militar[4], não? Estão familiarizados com esse termo? Agora, as mulheres dirigem quatro das cinco maiores instituições americanas associadas ao complexo industrial-militar. Mulheres estão no controle dos mecanismos da guerra. E elas também têm posições importantes na hierarquia da defesa do Estado.

E eu pergunto: isso é um motivo para celebração? Pergunto porque muitas das mulheres envolvidas em lutas "feministas" falam sobre um teto de vidro. Vocês usam esse conceito? Simplesmente incorporar mulheres em posições de poder não garante igualdade ou justiça. Isso é algo que não devemos esquecer.

Parece que sempre estamos orgulhosos por celebrar avanços individuais de pessoas negras, em especial mulheres, sem levarmos em consideração que a diversidade, por si só, significa simplesmente que indivíduos antes marginalizados foram recrutados para garantir uma operação mais eficiente dos sistemas opressivos. Colocar mulheres no controle de instituições de violência de Estado com certeza não ajudou a reduzir a incidência de violência de gênero. Nem no Exército nem no restante do mundo.

O senso comum sempre pergunta: como podemos alcançar a diversidade e a inclusão sem realizar as transformações que nos ajudarão a alcançar também a justiça, nos colocando na direção da democracia que está por vir? Os negros deveriam almejar serem incluídos em

---

[4] Complexo industrial-militar é um termo cunhado pelo ex-presidente dos Estados Unidos Dwight David Eisenhower (1953-1961) para designar a associação empresarial entre o Estado e as grandes indústrias bélicas, que tem importância crescente na economia do país.

uma sociedade que continua tão racista quanto antes? As mulheres deveriam ser convidadas a integrar um mundo que continua sendo tão sexista e misógino quanto antes? As pessoas com deficiência deveriam ser abraçadas por uma sociedade que continua a perpetrar suas ideologias e práticas que excluem a deficiência física?

Bem, o que eu pretendia fazer nesta noite era levantar questões. Eu não tenho as respostas. Só quero enfatizar que democracia é muito mais que inclusão e assimilação. Tem a ver também com os termos da inclusão. Quem precisa ser incluído de acordo com termos que exigem que repliquemos as estruturas responsáveis pela exclusão? Por que defender a diversidade racial e de gênero dentro de uma estrutura que continua heteropatriarcal em sua essência? A assimilação espelhada é nossa inimiga. Há uma sedução voltada a fazer com que participemos de aparatos que realizam de maneira mais efetiva a tarefa de suprimir a mudança.

Precisamos de uma transformação radical, uma transformação socialista. Precisamos acabar com o racismo, com o heteropatriarcado e com os ataques ao meio ambiente.

A liberdade é, de fato, uma luta constante.

Adriana Ferreira Silva

Quero começar por uma questão ligada à sua autobiografia. Quando a senhora descreve sua infância em Birmingham, naquela situação de constantes ataques de supremacistas brancos e de racistas bombardeando e matando famílias negras, a senhora costuma ligar esse

41

momento ao terrorismo. E, nos Estados Unidos, existe uma noção muito particular de terror. Eu queria que a senhora falasse um pouco sobre isso. Assata Shakur[5], por exemplo, foi definida como terrorista. Mas um supremacista branco que comete um atentado dentro dos Estados Unidos em geral não é designado com esse termo.

Angela Davis

Aquelas bombas eram uma ocorrência diária na minha infância. Acho que a primeira vez em que ouvi o som de uma bomba foi quando eu tinha cerca de 3 anos. Eram membros da Ku Klux Klan explodindo as casas das pessoas, igrejas e sinagogas. Quando, em outubro de 1963, a Igreja Batista, da rua 16, foi bombardeada e jovens foram mortas, todos sabiam quem havia feito isso[6]. Por incrível que pareça, o nome do rapaz da Ku Klux Klan era Bob "Dinamite". E o fato de tudo ter ficado impune e ter sido apoiado pelo governo local e pelo governo estadual mostra que isso foi terrorismo. Esse terrorismo racial – que inclui linchamentos – integra a história dos Estados Unidos. É importante destacar que tudo acabou sendo absorvido pelo aparato jurídico e pela pena de morte, que continua a existir.

---

[5] Assata Shakur (1947) é uma ativista, escritora e poeta negra estadunidense, ex-militante do Partido dos Panteras Negras e do Exército de Libertação Negra. Foi condenada por supostos crimes e fugiu da prisão em 1979. Desde o início dos anos 1980, vive em Cuba.

[6] Em 15 de setembro de 1963, uma bomba destruiu a Igreja Batista da rua 16, em Birmingham (Alabama), e provocou a morte de Cynthia Wesley, Carole Robertson e Addie Mae Collins, de 14 anos, e de Denise McNair, de 11, todas negras. O atentado deixou ainda outras vinte pessoas feridas no local, conhecido por ser um dos principais centros de reunião de militantes da causa negra na cidade. Somente a partir dos anos 1970 o caso foi retomado, com a condenação dos responsáveis.

42

Os Estados Unidos são o único país do mundo, o único país que chamamos de democracia industrializada, que continua a usar a pena de morte como forma de punição rotineira.

Portanto, podemos ver na realidade a história desse terror conforme ele se expressa por meio do sistema jurídico atual. E é muito interessante que o linchamento só tenha diminuído quando a pena de morte começou a ser aplicada de forma regular, principalmente contra pessoas negras.

Eu ficava furiosa com a suposição de que o terrorismo sempre vem de fora, e nunca de dentro. Que os muçulmanos é que seriam os terroristas, ou, como você mesma disse, que seria a Assata Shakur, ou a Patrisse Cullors, uma das fundadoras do movimento Black Lives Matter. Ela escreveu um livro de memórias muito interessante intitulado *Quando te chamam de terrorista*. Enfim, aqueles de nós que realmente representam um impulso em direção à democracia são chamados de terroristas. E os que procuram manter o estado de violência e racismo são os intitulados antiterroristas. É bizarro!

Adriana Ferreira Silva

Sua biografia, na qual aprendemos tantas coisas maravilhosas, só existe porque a escritora Toni Morrison [1931-2019] a convenceu a escrevê-la quando a senhora tinha 28 anos. Ali vocês se tornaram amigas. Eu queria que a senhora contasse um pouco sobre como se conheceram e quais são as melhores memórias que guarda dela.

Angela Davis

Toni Morrison foi a pessoa que me persuadiu a escrever essa autobiografia. Eu não a conhecia antes de ela me abordar. Ela ainda não era "a Toni Morrison". Era editora e não tão conhecida. Era uma mulher que trabalhava na Random House, uma das principais editoras do mundo. Toni me abordou e perguntou se eu estaria interessada em escrever sobre minha vida e eu disse que não. "Quem escreve uma autobiografia quando ainda está na casa dos 20 anos?", eu lhe disse. Aquilo não fazia sentido para mim. Eu também não me considerava um modelo de pessoa. Além disso, sabia qual tipo de autobiografia as principais editoras procuram. Elas queriam saber tudo sobre sua vida sexual. Vocês sabem do que estou falando. Eu não queria fazer isso. Então respondi que a única maneira de eu pensar em escrever uma autobiografia seria produzir um relato político, algo que me permitisse refletir não apenas sobre minha experiência individual, mas sobre as experiências dos movimentos e de todas as comunidades de luta. Só aí concordei em escrever.

Ela teve de brigar na editora, que não estava interessada em autobiografias políticas. Aprendi muito com Toni Morrison. E continuo aprendendo. Ela faleceu no início de julho [de 2019]. Seu trabalho ainda está conosco, nos afetando e nos comovendo. Quem a conheceu pessoalmente dificilmente conseguirá imaginar um mundo sem sua risada. Ela foi a responsável pela ascensão da literatura das mulheres negras, quando ainda era editora. Certa vez, afirmou: "Não sou a pessoa que está nas ruas, marchando. O que posso fazer é garantir que haja um registro histórico de tudo isso". Ela publicou as autobiografias de Muhammad Ali [1942-2016], Huey Newton [1942-1989, líder dos Panteras Negras], George Jackson [1941-1971, escritor e líder do grupo marxista Black Guerrilla Family]. Mais tarde, ela se tornou uma das romancistas mais conhecidas do mundo.

Adriana Ferreira Silva

Em sua autobiografia, a senhora relata também diversos episódios de sexismo no movimento pela libertação do povo negro. Num dos trechos, a senhora diz: "Existia uma lastimável síndrome entre alguns ativistas negros do sexo masculino, a de confundir sua atividade política com a afirmação de sua masculinidade". Como a senhora atuou para combater esse tipo de comportamento?

Angela Davis

Acho ilusório presumir que havia um "movimento feminista" – que a princípio era um movimento feminista branco – e que havia aquelas de nós fazendo trabalho feminista em outras áreas. Levou muito tempo para que eu assumisse a identidade feminista. Eu classificava o feminismo como algo próprio da burguesia branca. Havia um pressuposto de que seria possível abordar as questões de desigualdade de gênero sem abordar também o racismo, o capitalismo e a exploração econômica. Eu escrevi um livro sobre as mulheres negras do *blues* chamado *Blues Legacies and Black Feminism*. Ficou claro para mim que essas mulheres, por meio de suas músicas, estavam fazendo um trabalho feminista. E, curiosamente, em fins dos anos 1960 e começo dos anos 1970, com a emergência de um movimento contra o estupro e a violência sexual, assim como com a emergência de um movimento contra a violência doméstica, as pessoas disseram que era a primeira vez que as mulheres se engajavam publicamente em conversas sobre violência. Descobri que na década de 1920 as mulheres negras já cantavam sobre violência no âmbito íntimo. Ao longo das décadas, a noção de feminismo como um todo tem sido transformada. Penso sobre um tipo de feminismo que busca captar todas as formas de opressão. Seria um tipo de feminismo com inflexão marxista e anticapitalista, um feminismo que reconhece que o capitalismo sempre esteve ligado ao racismo, que o capitalismo sempre foi capitalismo racial. A escravidão foi a acumulação primitiva para o capitalismo que está associado à Revolução Industrial. É preciso haver um feminismo abrangente, um feminismo que reconheça que é nossa responsabilidade expressar solidariedade com as mulheres curdas em Rojava. Vejam a experiência de democracia que acontece no norte da Síria. O governo turco quer destruí-la. É de lá que o indivíduo que vive na Avenida Pennsylvania, 1.600, Washington, DC [Casa Branca], acabou de retirar suas tropas. Muitas pessoas não estão cientes de que as tropas curdas, que estavam lutando contra o Estado Islâmico, são constituídas por um grande número de mulheres. Mulheres combatentes, que estão no Exército e que ao mesmo tempo exigem que os homens mudem completamente suas noções do que significa estar em um relacionamento com uma mulher. É o feminismo das mulheres curdas, com o qual me identifico.

Adriana Ferreira Silva

Aos 28 anos, a senhora não se achava merecedora de uma autobiografia. E agora, a senhora acha que merece?

Angela Davis

Não sei. Não sei. Estou pensando em um projeto literário que envolve a vida de outras pessoas. Porque, na verdade, nem sempre gosto de ser o centro das atenções. Gosto de fazer o trabalho de pano de fundo, o trabalho que motiva as pessoas a seguirem adiante. Isso é o que mais gosto de fazer. Portanto, meu próximo projeto é sobre isso.

Adriana Ferreira Silva

O encarceramento feminino aumentou 700% nos governos Lula e Dilma, entre 2006 e 2016. Deve-se considerar esses governos parte do Estado penal e racista?

Angela Davis

Essa é uma pergunta importante. Quero propor uma resposta feminista. Direi que temos que guardar essas noções e tensões e reconhecer que o Partido dos Trabalhadores representou esperança e gerou novas possibilidades, mas que, ao mesmo tempo, tinha aspectos muito problemáticos, incluindo a expansão continuada da população carcerária. Isso aconteceu também na África do Sul. O que fizemos quando finalmente vencemos o *apartheid* e conquistamos um governo lá e que se apresentou como não racista, não sexista e não homofóbico, colocando tudo isso na própria Constituição, mas que, ao mesmo tempo, continua expandindo a população carcerária como consequência do impacto do capitalismo global e suas ideologias neoliberais? E eu diria que se vemos a nós mesmos nos movendo em uma direção progressista, precisamos aprender a viver com as contradições.

Audre Lorde[7] enfatizava o imperativo feminista de aprender a lidar com a contradição em vez de sermos sempre levadas a escolher um ou outro. É o caso de Barack Obama. Parece já fazer muito tempo que ele foi presidente. Havia muitas coisas em que eu discordava por completo dele, mas, ao mesmo tempo, eu achava importante que finalmente uma pessoa negra pudesse ser eleita presidente dos Estados Unidos. Eu tinha uma postura bastante crítica em relação a muitas de suas políticas e muitas de suas práticas. E ainda tenho. Mas, mesmo assim, celebro. Creio que é muito importante que aprendamos a lidar com as contradições dessa forma e que não nos sintamos tão pressionados por elas a ponto de nos deixarmos imobilizar por elas, de permitir que nos impossibilitem de trabalhar pela liberdade.

---

[7] Audre Lorde (1934-92) foi uma escritora feminista negra estadunidense, ativista pelos direitos civis e homossexuais.

48

Adriana Ferreira Silva

O que a privatização das prisões significa para o fortalecimento do Estado penal?

Angela Davis

A privatização não é apenas a propriedade privada das prisões. A primeira empresa de prisões privadas foi a Corrections Corporation of America. Com ela se deu não somente a privatização da punição, mas também a privatização da educação e a privatização da saúde pública. Na verdade, a primeira empresa de prisões privadas foi moldada com base nas primeiras empresas de hospitais privados. Primeiro, veio a Hospital Corporation of America, depois, a Corrections Corporation. Alguns dos diretores de uma empresa também atuavam na outra no mesmo cargo. Não podemos analisar a privatização das prisões sem levar em conta o grande impacto do capitalismo global e sem levar em conta o contínuo aumento da concentração de riqueza, o fato de haver cada vez menos pessoas no controle do mundo. Como podem oito homens controlar mais da metade da riqueza da população mundial? Isso é absolutamente obsceno.

Acho importante reconhecer que a razão pela qual a população carcerária tem crescido tanto nas últimas décadas, desde 1980, é precisamente a falência das instituições anteriormente projetadas para atender às necessidades do povo. É o caso de escolas, hospitais, outras instalações de saúde pública e recreação. Quando as empresas dos

Estados Unidos começaram a migrar para outras partes do mundo onde a mão de obra era muito mais barata, tivemos o problema da desindustrialização. E o que fazemos com as pessoas que são deixadas sem trabalho, particularmente no contexto de não termos qualquer serviço para fornecer a eles? Elas são presas.

Esse é o motivo pelo qual vimos, nos anos 1980 e 1990, esse vasto movimento de construção de prisões. Se as pessoas perdem seu trabalho, se não conseguem descobrir como viver, se não têm casa, o que nós fazemos? Nós as colocamos na prisão e o problema está resolvido. E isso não apenas "resolve" o problema como cria novas possibilidades para a geração de lucro. A indústria de telecomunicações dos Estados Unidos, por exemplo, está totalmente ligada às prisões. Porque as prisões fazem ligações telefônicas. E, se vocês soubessem como é caro é fazer uma ligação de dentro de uma prisão comparado a quanto custa a mesma ligação fora dela, seria possível entender como eles se aproveitam disso.

Não se trata apenas da privatização das prisões. Trata-se do impacto do capitalismo global sobre todo o processo de punição e a criação de maneiras cada vez mais engenhosas de gerar lucro. Uma vergonha.

Isso é o que pessoas como o atual presidente dos Estados Unidos [Donald Trump] pensam o tempo todo. Só pensam em quanto dinheiro poderão fazer. O capitalismo está destruindo nosso mundo. Foi por isso que Greta Thunberg decidiu se manifestar. Ela não conseguia lidar com o fato de que tudo o que essas empresas estão fazendo é destruir o futuro. O Brasil tem uma população carcerária muito grande e está importando o modelo de encarceramento em massa dos Estados Unidos. Se não podemos lidar com as necessidades das pessoas, vamos nos livrar das pessoas que têm essas necessidades. Se não podemos lidar com os problemas econômicos e de saúde, vamos nos livrar das pessoas! Coloquem-nas na prisão! Assim, não é preciso abordar essas questões sociais que os governos deveriam estar abordando.

Adriana Ferreira da Silva

Temos uma pergunta do senador Eduardo Suplicy. Ele gostaria de saber como a senhora avalia a proposta de criação de uma renda básica universal em todos os países.

Angela Davis

Nós nem deveríamos responder a essa pergunta. Deveria ser óbvio que todas as pessoas, por habitarem o mesmo planeta, teriam de possuir os meios para sobreviver. Isso só se torna questionável sob as condições do capitalismo. E é por isso que eu também julgo importante guardar memórias do socialismo que não mais vivemos. É possível sermos muito críticos dessas experiências e, ao mesmo tempo, abraçar aquilo que nos ajudará a trilhar um caminho adiante. Eu era atraída pelo comunismo justamente por acreditar que todo ser humano deve ter a capacidade e o direito de viver. E os países socialistas, não importa os problemas que possam ter tido, deram exemplos de como as pessoas podiam viver, estudar e se alimentar.

Tenho uma amiga que era muito pobre nos Estados Unidos. Ela teve um bebê e queria estudar, mas não havia jeito: tinha de trabalhar para poder cuidar da criança. A partir de determinado momento, ela decidiu ir embora e viver na União Soviética. As pessoas a acharam completamente louca. Mas, ao chegar lá, viu que a moradia custava algo em torno de 5% da sua renda. Ela tinha creche gratuita, educação gratuita, cursou mestrado, doutorado e acabou se tornando uma grande acadêmica. Nos Estados Unidos, não havia esperança de uma trajetória semelhante. Precisamos de uma ordem social que permita às pessoas alcançar seus sonhos e potencializar suas capacidades de trabalhar em prol da comunidade. Deveria existir uma renda anual garantida para todos.

Adriana Ferreira Silva

Há muitas perguntas ligadas à necessidade de libertação animal, sobre como o feminismo pode atuar pelo fim da exploração dos animais e sobre a ligação entre a libertação dos animais e a democracia.

Angela Davis

O título desta palestra é "A liberdade é uma luta constante". Quanto mais reflito sobre o significado da liberdade, mais reconheço que não fazemos ideia do que significará ser livre daqui a cem anos ou daqui a quinhentos anos. E frequentemente penso sobre as pessoas que eram escravizadas há quatrocentos, quinhentos anos, naquele impulso em

52

direção à liberdade que elas sentiam e em como elas devem ter imaginado uma vida diferente daquela. Sempre gosto de usar o exemplo do que alcançamos na última década em relação às pessoas transgêneras e como a binariedade de gênero, antes considerada a fundação absoluta das nossas noções de normalidade, foi completamente desafiada e refutada. Há vinte anos, acho que as pessoas não seriam capazes de imaginar quanto foram importantes as campanhas em apoio aos direitos de pessoas trans em prisões e em outros lugares. E digo isso para deixar claro que estou convencida de que chegará um momento no qual entenderemos quão prejudicial é o nosso modo capitalista de produção industrializada de comida. Não apenas em termos da crueldade e violência infligida aos animais, mas de danos que causa à Terra. A razão pela qual as pessoas aprenderam a comer hambúrgueres produzidos por essas empresas de *fast food* tem muito pouco a ver com a necessidade de cada um. Tem a ver com lucro. Alguém está ganhando muito dinheiro com o fato de os animais serem tratados de forma tão cruel e com a destruição da terra pelo uso de pesticidas para produzir enormes colheitas. Devemos desenvolver maneiras de nos conscientizarmos sobre como vivemos no mundo e sobre como nos alimentamos.

Eu parei de comer carne há muito tempo, antes mesmo de ter consciência dos problemas políticos e éticos. Eu parei de comer carne na cadeia, pois serviam carne com larvas, algo bastante nojento. Com o tempo, me tornei consciente das políticas da alimentação. Não de uma maneira que me leve a dizer a vocês o que devem ou não comer. Estou simplesmente tentando pedir a vocês que se conscientizem, que pensem sobre o que comem, sobre o que ingerem. O que também pode ser responsável por doenças e vários problemas de saúde. Porém, não faz sentido que alguém tenha essa consciência como indivíduo se ela não estiver ligada a uma comunidade maior. Penso nos povos indígenas e em seu papel histórico como guardiões dessa parte do mundo que habitamos.

Quando penso sobre interseccionalidade, penso na importância da intersecção entre várias lutas. Penso nas conexões e inter-relacionalidades. Se não conseguirmos salvar a Terra, nada do que fizermos terá valor. Deveríamos estar pensando no planeta, deveríamos estar pensando na terra, deveríamos estar pensando nos oceanos, deveríamos estar pensando no ar.

Adriana Ferreira Silva

O embaixador de Cuba está aqui conosco. Ele diz que, em nome da democracia e dos direitos humanos, Cuba vem sofrendo embargo e é punida pelos Estados Unidos há mais de 60 anos. Ele pede que a senhora comente sobre isso.

Angela Davis

Bem, eu diria: *Viva la revolución cubana*! Fomos muito inspirados ao longo do tempo pela persistência do povo cubano. Mesmo com todos os embargos e ataques, o povo cubano nos ensinou o que significa defender sua forma de viver: educação gratuita, moradia acessível

54

e todas aquelas coisas de que falávamos há pouco. Preciso acreditar que haja alguma forma de socialismo no horizonte. Jamais concordarei com o capitalismo, jamais! E acho que é mais importante do que nunca desenvolvermos uma consciência anticapitalista e movimentos anticapitalistas. O capitalismo acha que triunfou. Não estou tentando atribuir qualidades humanas ao capitalismo, porque o capitalismo não pensa. O fato de o capitalismo ter sido representado como triunfante após o desmantelamento da comunidade de nações socialistas significa que é mais importante do que nunca criar essa consciência. Porque não queremos que isso seja um dilema humano permanente.

O capitalismo afirma sua permanência. Precisamos apontar que o capitalismo não corresponde às necessidades dos seres humanos ou de qualquer outro ser que habita o planeta Terra. O capitalismo está fadado a seguir na direção da morte, a morte dos trabalhadores, a morte dos animais, a morte do planeta. E o capitalismo não se importa com isso, desde que sua trajetória seja lucrativa.

Portanto, nós precisamos criar algo melhor. Algo que permita àqueles que venham depois de nós pensarem no trabalho que fizemos para preservar a possibilidade de um futuro para eles.

Adriana Ferreira Silva

Outra questão recorrente é sobre a violência contra a mulher. Vou aproveitar para listar alguns dados. No Brasil, hoje, registram-se mais de 180 estupros por dia. Em 2018, batemos um recorde anual, com

66.041 registros, um aumento de 5% em relação ao ano anterior. Por outro lado, nunca se falou tanto em feminismo como na última década e nunca as mulheres estiveram tão engajadas. Centenas de milhares de mulheres negras brasileiras foram às ruas em manifestações. Essa epidemia de estupro seria um reflexo da política conservadora? Seria uma reação ao engajamento das mulheres em movimentos como o Me Too, por exemplo?

Angela Davis

Bem, a violência contra a mulher é a forma mais pandêmica do mundo. E, certamente, nos anos em que vim ao Brasil, fui conscientizada tanto do terror quanto da reação das mulheres. Os homens também estão se erguendo para confrontar esse tipo de violência.

Acho que está tudo interconectado. Frequentemente pensamos sobre a violência contra a mulher apenas como algo que se desdobra entre indivíduos, dentro de relacionamentos e entre pessoas desconhecidas. Mas ela é parte das estruturas sociais, políticas e econômicas. A melhor maneira de começar a confrontar essa violência é continuar a construir movimentos, torná-los mais fortes e reconhecer que não se trata de ataques a mulheres individualmente. Gosto do antigo ditado dos sindicatos de trabalhadores: "Ferir um significa ferir todos". Quando falo "todos", estou falando de mulheres e homens. Precisamos reconhecer, quando falamos de violência sexual, que são as mulheres trans as que mais são afetadas tanto pela violência individual quanto pela do Estado. E, assim como no caso do racismo, essa luta beneficia não somente os alvos diretos, mas toda a sociedade. E quando nos erguemos em defesa das mulheres trans, especialmente das mulheres trans negras, isso nos ajuda a iniciar o processo de expurgar a violência de gênero de nossas sociedades.

Adriana Ferreira Silva

A nós, pretos brasileiros, é imposto que sejamos mansos e obedientes, visto que a falácia do país não racista é perpetuada por gerações. Existe a possibilidade de não ser "preta raivosa"? Qual é o caminho?

Angela Davis

O que há de errado com a raiva? Eu tenho problemas com a raiva apenas quando ela é mal direcionada. Mas a raiva direcionada e que nos motiva a lutar é uma raiva justa. Sei que as mulheres negras têm uma reputação de serem raivosas. Isso é ótimo! Alguém precisa expressar raiva sobre a maneira como o mundo está organizado. Leiam o texto de Audre Lorde chamado "Os usos da raiva"[8].

---

[8] Audre Lorde, "The Uses of Anger: Women Responding to Racism", em *Sister Outsider: Essays & Speeches by Audre Lorde* (Berkeley, Crossing Press, 2007).

PATRICIA HILL COLLINS

"Nunca tivemos democracia, para
além de algumas formalidades."

Winnie Bueno[1]

A construção teórica de Patricia Hill Collins em *Pensamento feminista negro*[2] elucida os mecanismos que negam a cidadania para mulheres negras a despeito da igualdade formal perante a lei, constituindo-se em arsenal sociológico importante para compreender como sistemas de dominação articulam ferramentas que visam frustrar o processo de construção da subjetividade de mulheres negras.

Patricia Hill Collins abarca uma série de formulações intelectuais produzidas por pensadoras negras para organizar os conceitos desenvolvidos em sua obra. Ela é uma teórica que apresenta um *continuum*

---

[1] Winnie Bueno é bacharel em Direito pela Universidade Federal de Pelotas (UFPEL/RS), mestre em Direito pela Universidade do Vale do Rio dos Sinos (Unisinos/RS) na linha de pesquisa Sociedade, Novos Direitos e Transnacionalização e doutoranda em Sociologia pelo Programa de Pós-Graduação em Sociologia da UFRGS. É autora do livro *Imagens de Controle: um conceito do pensamento de Patricia Hill Collins* (Zouk, 2020) e atua como consultora nas áreas de combate ao racismo, diversidade de gênero e justiça social.

[2] Patricia Hill Collins, *Pensamento feminista negro: conhecimento, consciência e a política do empoderamento* (trad. Jamille Pinheiro Dias, São Paulo, Boitempo, 2019).

60

de pensamento dinâmico. Percebo que suas primeiras contribuições são marcadas por uma defesa da experiência de mulheres negras como possibilidade teórica, crítica e metodológica para a sociologia do conhecimento.

Em um segundo momento, a autora passa a investigar com maior afinco as estratégias políticas e ativistas institucionais de mulheres negras para a persecução da justiça social, sobretudo na obra *Fighting Words*[3], estando bastante imersa nessas discussões até o presente momento.

Outra dimensão importante de seu trabalho intelectual está na persistência em demonstrar como o conhecimento é uma ferramenta importante de empoderamento, fortalecida pelo ativismo intelectual de mulheres negras.

Por tudo isso, com muita honra, muito respeito e imensa alegria, passo a palavra para Patricia Hill Collins, uma mulher que produz teoria crítica para a justiça social com base na centralidade das experiências e do pensamento feminista negro sem alienar-se de si mesma.

Patricia Hill Collins

É interessante e maravilhoso poder estar sentada neste palco e ver vocês. Ver quão belos são, quão animados são e perceber que este é mais um passo em minha jornada de trabalho intelectual, o que des-

---

[3] Idem, *Fighting Words: Black Women and the Search for Justice* (Minnesota, University of Minnesota Press, 1998).

crevo como ativismo intelectual. Às vezes falo sobre conhecimento, às vezes falo sobre política, às vezes falo sobre raças e em outros momentos falo sobre gênero e sexualidade. Surpreendentemente, escrevi sobre classes, embora as pessoas nos Estados Unidos não prestem muita atenção a isso ou não prestem tanta atenção quanto deveriam. Escrevi bastante sobre nacionalismo, leio ficção, danço e canto.

Mas, então, fui envelhecendo. Portanto, tive tempo para fazer tudo isso, não tudo ao mesmo tempo e nem tudo no mesmo dia.

Vou voltar um pouco no tempo.

Pensamento feminista negro foi meu primeiro livro. Eu o escrevi quando não tinha noção alguma do que estava fazendo. Nunca sonhei que ele viajaria tão longe quanto viajou e certamente não imaginei que ele teria essa longevidade de três décadas. Isso significa que, quando fazemos trabalhos políticos e intelectuais, precisamos ser analíticos sobre nós mesmos. Precisamos ser autorreflexivos sobre nossas ideias, nossas práticas e nossa performance. Ninguém é mais rígido comigo que eu mesma.

Nesse espírito, olho para meu trabalho e me pergunto: o que existe no pensamento feminista negro que realmente vale a pena ser falado? O que há em sua essência? Uma pergunta que, para mim, e talvez para vocês também, mostra-se um pouco mais pragmática é: "Como seguimos vivendo nossa vida no dia a dia?". Não apenas durante momentos de sucesso, mas em momentos de fracasso. Estamos em um tempo, politicamente falando, bastante assustador para muitas pessoas. Como você segue vivendo quando não há garantia de vitória, quando não há sensação de que vencerá? Como

62

você levanta todos os dias e faz o trabalho que precisa ser feito? Pensei muito sobre essa questão, pois vi sucessos e fracassos, tanto intelectuais quanto políticos.

Quando penso sobre essas questões, penso sobre todas as mulheres negras de minha comunidade que levantavam todos os dias para trabalhar. Foi lá onde cresci, numa cidade grande dos Estados Unidos. Seus trabalhos não eram emocionantes, não eram reconhecidos e eram mal pagos. Mas era importante, por alguma razão, seguir em frente. Minha palestra hoje avalia esse comportamento de persistência, de comprometimento, e foca no que isso nos diz sobre as políticas de empoderamento. As políticas das quais falarei hoje não são exatamente as políticas formais da ideologia política. Tampouco darei uma palestra sobre as boas ou más ideias na democracia. Não falarei sobre neoliberalismo e como ele destruiu o mundo, e não falarei sobre corrupção no governo. Claro que tudo isso importa, mas discorrerei sobre as políticas de empoderamento que olham para o mundo de baixo para cima e encontraram uma maneira de persistir, mesmo sob situações extremamente difíceis.

Esse esforço perpétuo ao qual me refiro, essa perseverança, essa persistência, mesmo diante da reação de outras pessoas, tem sido a realidade de quem está na base das hierarquias sociais de raça, classe, gênero, sexualidade, etnia, entre outros.

Vejo essas pessoas na base das hierarquias não como dados ou exemplos para outras teorias, mas, em vez disso, olho para o brilho teórico que nelas existe e sobre imaginar coisas como a democracia.

Começo com uma pergunta: "Por que feminismo negro?". Não acredito que o feminismo negro seja derivado de um discurso de gênero sobre feminismo. Não é uma versão negra de algo existente. Não vejo o feminismo negro como algo tão incomum e único que torne as feministas negras mulheres exóticas a ponto de serem celebradas. Vejo-o como um elemento que vem das experiências históricas vividas das mulheres negras. E a expressão que usarei é a realidade das vidas negras precárias. Não há nenhuma garantia sob o racismo de que as pessoas negras sobreviverão. As vidas negras não foram valorizadas e têm sido precárias.

Como um povo do Novo Mundo, a própria categoria de afro-americano, ou de pessoas negras, foi criada no contexto do capitalismo global e de sua confiança na escravidão como instituição social de dominação racial e exploração de classes.

Não havia pessoas negras antes desses sistemas. Havia africanos, havia africanos de diferentes etnias, mas não havia pessoas negras. A noção de "pessoas negras" é uma invenção do Novo Mundo. Nos Estados Unidos, tivemos de criar uma nova identidade de negritude, diferente da identidade de negritude que nos foi dada. E, no centro de todo esse processo, de toda essa criação de material, está o conceito de cativeiro. Quando as mulheres são mantidas presas por seus maridos abusivos e não podem sair de suas casas, vemos isso como cativeiro; a escravidão era uma forma de cativeiro, o encarceramento em massa, hoje em dia, é uma forma de cativeiro. A criação de guetos é uma forma de cativeiro, assim como foi a discriminação gerada pelas Leis de Jim

Crow[4] nos Estados Unidos. O que significa manter um povo em cativeiro e lhes tirar tudo o que têm?

É importante ter em mente que as pessoas não vão ao cativeiro por vontade própria nem ficam nele por vontade própria. Isso deve ser reforçado, reproduzido e gerenciado. E a violência tem sido uma importante tecnologia para dominação por cativeiro. A violência forma práticas sociais que forçam pessoas a ficarem em seus lugares demarcados. Essa noção de dominação e violência tem se tornado muito mais visível para aqueles que estão na base da hierarquia do que para os que estão no topo. Estou falando sobre racismo, escravidão e pessoas negras nos Estados Unidos. Mas essas questões são muito mais abrangentes em termos de como outros sistemas de dominação são organizados e como eles operam. Desde a época da escravidão até o presente, as pessoas negras têm lidado ali com o desafio da ameaça sempre presente da morte. Morte sua e daqueles que amam.

Esse tema de ser mantido em cativeiro e ser forçado a encarar a morte constitui uma ameaça existencial para as pessoas negras nos Estados Unidos, e podemos discutir se essa é uma situação similar em lugares como o Brasil. Para os indivíduos e para nossa coletividade negra estadunidense, o ser e o tornar-se negro se baseia nos termos pelos quais passamos a lidar com essa ameaça existencial.

---

[4] Conjunto de leis estaduais e municipais nos Estados Unidos – em especial no sul – que mantiveram a segregação dos negros em espaços públicos e privados, mesmo após a libertação dos escravos (1863). As leis duraram de 1877 a 1964.

Quando as pessoas podem matar seus filhos e nada acontece, quando as pessoas podem matar seus cônjuges e não são punidas, não é preciso matar todos. Só é preciso impor tanto medo que essa se torna uma forma de controlar uma população sob cativeiro.

Você provavelmente está refletindo: "Meu Deus, eu não havia pensando nisso dessa maneira". Porque nós crescemos com a imagem de que as pessoas na base não se importam de verdade, elas estão felizes, elas lidam com isso, já sofrem há muito tempo, merecem isso.

As ideologias da retórica que explicam esse poder bruto são bastante difundidas e não desaparecem. Então o que fazemos quando enfrentamos essa situação? Curiosamente, as pessoas negras não sucumbiram, elas sobreviveram. A construção da liberdade reflete as aspirações políticas de pessoas que experimentaram essas relações de cativeiro.

Liberdade é um termo muito tendencioso na teoria social ocidental. O termo "liberdade" tem uma ressonância especial nas comunidades afro-americanas. De tal forma que a política negra tem sido rotineiramente descrita como uma luta em prol da liberdade. Não se trata apenas do uso equivocado da palavra. "Estamos usando o termo 'liberdade' por razões de afeição." Era literalmente uma luta em prol da liberdade, uma luta para nos emanciparmos da escravidão. E continua sendo uma luta em prol da liberdade por meio dessas outras noções de cativeiro e dominação. A palavra "cativeiro" pode ter desaparecido com o tempo, mas o mesmo não aconteceu com as tecnologias que mantêm esse cativeiro, seus resultados e a subordinação racial. O desafio político para os afro-americanos tem sido encontrar formas de sobreviver dentro dos contornos variáveis do cativeiro.

Protestar contra as práticas de dominação que o sustentam e estão em constante mudança, bem como imaginar alternativas às nossas realidades atuais: é aqui que o feminismo negro está enraizado. O que é feminismo negro? Essas questões existenciais de morte e violência são compartilhadas por mulheres e homens afro-americanos. E tomam formas específicas de acordo com o gênero. Quando alguém se inspira em direção à liberdade, não existe pessoa negra genérica. Em vez disso, existem expressões heterogêneas de pessoas negras que, se desejam liberdade para a coletividade, precisam pensar em liberdade para os grupos internos. As mulheres negras foram algumas das primeiras a reconhecer a natureza da violência de gênero como uma tecnologia de dominação.

A violência sexual que foi aplicada às mulheres negras em prol de lucro, prazer e seja lá o que for é uma forma de violência específica de gênero distinta daquela aplicada aos homens. Uma forma de violência não é melhor que outra; na verdade, são diferentes. Portanto, não faz diferença pensar em liberdade para pessoas negras sem pensar no que isso significa tanto para homens negros quanto para mulheres negras, assim criando e reconhecendo a natureza específica do gênero na experiência de viver o cativeiro e de resistir a ele. De vivenciar o racismo e o sexismo juntos e resistir a eles. Dessa forma, começando dentro dessa experiência de cativeiro, quando não se tinha controle sobre o próprio corpo, nenhum direito qualquer, teve início o discurso de feminismo negro que é tanto intelectual quanto político ao mesmo tempo.

Seria maravilhoso se pudéssemos deixar para trás as partes feias do passado. Mas, se olharmos à nossa volta, podemos ver as mesmas relações atualmente e percebemos que esse é um discurso que está mais vivo que nunca e que tem uma longa história.

Agora, eu poderia citar muitos exemplos do feminismo negro e identificar essas questões filosóficas maiores dos desafios existenciais, da precariedade da vida negra e da violência como tecnologia da dominação. Portanto, vou citar alguns exemplos e mencionar alguns nomes.

A violência contra si mesmo, contra seus entes queridos e/ou contra membros das comunidades negras tem sido, frequentemente, um catalisador para a análise feminista negra e para a política feminista negra. Há tantos exemplos de pessoas que estavam apenas tentando viver e sobreviver em seus tempos, mas que acabaram testemunhando ou enfrentando situações de violência. É duro constatar quão injusto foi isso.

Dou o exemplo de alguém como Ida Wells-Barnett (1862-1931), de quem muitos de vocês já devem ter ouvido falar, que no final dos anos 1890 estava muito perturbada por ver o linchamento de amigos seus e notar que, depois de cada tragédia, nada acontecia. Ela empreendeu uma cruzada antilinchamento. E, em seu trabalho jornalístico, Ida argumentou que o racismo e o sexismo andavam juntos. A raça e o gênero da pessoa linchada acabavam por definir seu linchamento.

68

Angela Davis claramente tem sido uma líder intelectual em toda essa área voltada para analisar a violência, a dominação e o cativeiro. Seu trabalho sobre raça, classe, gênero, interseccionalidade, capitalismo e escravidão é muito significativo na moldagem do meu argumento e de muitos outros pensadores. Portanto, vemos que a ameaça existente em formas específicas de gêneros e em projetos políticos é trazida à tona pelo movimento Black Lives Matter nos tempos de hoje. Isso se dá a partir de conexões de raça e gênero, conexões de raça e classe, de sexualidades de raça, classe e gênero e até sexualidades de raça, classe e gênero e além. Vale perguntar: o que é necessário para que as pessoas negras sejam livres? Não podemos ter apenas um segmento livre enquanto outro não é livre. Não podemos ter a liberdade de alguém predicada sobre a subordinação de outra pessoa. E, fundamentalmente, muitos ficamos confortáveis com essa ideia.

Mas dentro do feminismo negro, em sua tradição de resistência intelectual e política, tem havido uma questão constante: o que é necessário para que as pessoas negras sejam livres? Ninguém está livre até que as mulheres negras sejam livres. Não podemos ter mulheres e homens negros livres e ainda ter pessoas LGBT subordinadas. Isso não pode existir. Será que somente as pessoas negras de classe média podem ser livres? E quanto às pessoas negras pobres? Então, entramos nesse discurso em particular ao longo do tempo. Não é uma epifania de ideias, mas um trabalho diário e contínuo.

Espero ter mostrado que o feminismo negro não é igual ao feminismo branco. Isso não quer dizer que há algo de errado com o feminismo branco. Mas todos os diferentes projetos políticos que existem por aí e que se apresentam como de justiça social precisam fazer esse tipo de interrogatório e de arqueologia que faço agora com o feminismo negro.

Vocês precisam trabalhar em torno de seu próprio discurso e lidar com o que ele quer dizer, especialmente em questões sobre dominação e subordinação.

Quero continuar para a segunda parte da minha palestra. Na primeira, eu lhes dei a noção de uma narrativa apenas da sensação do pensamento feminista negro e do motivo pelo qual preparar o cenário para você ter um certo tipo de política e certos tipos de questão. Agora, quero focar em cinco ideias centrais do pensamento feminista negro. A primeira delas pode ser surpreendente. Trata-se da política da esperança.

Por que você se engajaria em política se não tem esperança de que as coisas possam ser diferentes e melhores? Se você é uma mulher negra na base da hierarquia, se sua vida é terrível e todo esse tipo de coisa e que a possibilidade de rendição está sempre colocada... você desistiria.

Comecei com mulheres da minha vizinhança que não desistiram, que seguiram adiante. O que as manteve seguindo adiante? Não quero dizer aquela esperança falsa, risonha e alegre da frase "Como sou esperançosa". Estou sugerindo que as mulheres negras carregam a esperança de uma forma particular. A esperança traz significado para a vida de todo mundo.

Você escolhe a vida ou a morte? Certo. O que vocês escolhem? Vida ou morte?

70

Voltando a avaliar meu próprio trabalho, passei muito tempo analisando a maternidade e o trabalho materno. E não significa que alguém deva se tornar mãe, biologicamente dizendo, o que é maravilhoso se for isso que você quer fazer, mas significa que ao escolher cuidar da vida de outra pessoa você deve se perguntar: "O que estou fazendo? Por que eu traria essa criança ao mundo se este é um mundo de cativeiro e ameaça de morte?". Existe esperança nessa escolha. O trabalho materno, para mim, é uma evidência de esperança. Não para você mesma, mas para seus filhos e, por meio deles, trazer significado para suas vidas. Muitas mulheres negras tiveram mães assim, avós assim, mulheres assim, que lhes disseram: "Não desista. Meu amor, você é linda. Você é incrível. Você é preciosa. O resto do mundo pode não enxergar isso, mas eu vejo isso em você".

As possibilidades ao longo do tempo para que essa beleza seja vista e mostrada variam, mas a mensagem de esperança precisa estar lá, se não você não sobrevive à brutalidade da escravidão. Como sobreviver ao cativeiro se você não tiver a esperança de que um dia não estará mais nele? Ou que seus filhos um dia não mais estarão lá? Como você prepara pessoas para uma vida que você não viveu? Isso é esperança. Não é esperança apenas para mim. Mas como você prepara isso? Nesse momento, penso em minha própria mãe. Ela teve uma vida difícil. Era uma artista sem meio algum de expressar sua arte. Minha mãe amava música, amava ficção, amava todas as coisas que uma mulher negra não deveria amar. Ela era secretária, o que era muito bom quando eu estava crescendo. Mas tinha um trabalho no qual, todo ano, os homens passavam por cima dela. Enfim, ela tinha de treinar seus chefes e, a cada dia, ver seus sonhos ficarem menores e menores e menores. E minha mãe entrou em depressão, como acontece com muitas pessoas. Outras adquirem algum vício. Mas o que ela me deu foi um sentimento de que, se não comigo, talvez haja esperança para você, mesmo que nenhum de nós possa ver o futuro. O centro do pensamento feminista negro é esse espírito de esperança que jamais irá embora. Pois as pessoas levantam todos os dias e se comportam como se ele fosse real.

A terceira ideia central é a noção de interseccionalidade.

Uma característica do racismo é convencer as pessoas negras de que não pensamos, de que o que fazemos é natural. Existem, embutidas no mundo da vida de grupos subordinados, análises que os ajudam a lidar com suas experiências no mundo, e eu compartilhei as experiências do cativeiro, mas há outras que estão na base, onde as estruturas de poder podem não ser as mesmas que estou descrevendo hoje. Eu percebo isso. Alguns de vocês talvez queiram apenas viver a vida e não pensar em nada disso, e só dizer: "Não podemos só tomar um café?". Essa consciência do seu contexto social e a análise do mundo social formam a fundação da interseccionalidade. E para as mulheres afro--americanas, tudo começou com a questão racial, o que é óbvio, mas o gênero dentro das raças se tornou uma questão de raça e gênero, juntos, e depois a classe influenciando a raça e o gênero.

Quando fui para a faculdade, as pessoas me diziam: "As mulheres negras são o problema nas comunidades negras. As mães negras são o problema nas comunidades negras. As mulheres negras são terríveis.

Elas desvirtuam os homens, criam filhos fracos, encorajam as filhas a serem mandonas como elas...". Esse é realmente um discurso completo sobre a maldade das mulheres negras. E eu pensava: "Isso não condiz em nada com o que vejo. Simplesmente me parece uma mentira". Mas quem tem o poder de decidir o que é a verdade? Naquele ponto, não era eu. Mas agora parece que sou. E eu gosto disso.

Não vejo a interseccionalidade como uma teoria chique que caiu do céu, que todos temos de estudar e tentar entender. Eu a vejo como algo que emergiu de estudos e políticas sérias, que emergiu ao se fazer da ação social uma forma de conhecimento.

A terceira ideia central do pensamento feminista negro é familiar a todos nós, e ela é a noção de justiça social. Agora, uma pessoa pode ter esperança de um futuro melhor, analisar a realidade à sua volta e dizer: "O mundo está cheio de desigualdades sociais. Veja as desigualdades sociais entre brancos e negros, ou entre homens e mulheres, ou entre ricos e pobres, ou entre pessoas corretas e pessoas não corretas, mas não assuma a posição de que isso é errado".

Há muitas pessoas que ficam confortáveis com as desigualdades sociais. Elas acham que está tudo bem e que, na verdade, isso é normal. E que a igualdade social é anormal para elas. Agora, o que estou dizendo aqui é que o pensamento negro feminista tomou, há muito tempo, uma posição moral ética de que a desigualdade social é algo errado e injusto.

Isso não deveria nem ser dito, mas, como uma pessoa que passou tantos anos na academia, tenho muitos colegas que estudaram a desigualdade e jamais saberemos realmente o que eles pensam sobre isso. Isso com certeza significa que eles conseguiram seus empregos estudando a desigualdade social, ou a desigualdade de gênero, e seus nomes são importantes. Mas quando chega a hora de tomar uma posição principal sobre justiça social, onde estão eles? As mulheres negras, historicamente, não tiveram tal escolha. Como tomamos uma posição principal em favor de nossa própria subordinação? "Volte aqui e abuse de mim um pouco mais porque eu adoro desigualdade." Isso faz algum sentido para vocês? Não, não é mesmo? Então, você é forçado a pensar sobre desigualdade e o que pode ser feito a respeito disso.

Nesse ponto, uma estrutura de justiça social é algo que fornece meios a uma pessoa para que ela enxergue o conhecimento dominante e possa criticá-lo em seus próprios termos. Algumas delas são extremamente úteis, mas muitas têm sido um problema, como acabei de indicar.

Estamos chegando ao quarto ponto da palestra, que tem a ver com ação política.

Quais são as possíveis ações quando o significado da vida é informado por essa constelação de esperança, análise e ética? Essa combinação está no coração do feminismo negro. A política se torna estratégica. Ela não é retilínea e não existe uma maneira certa de se fazer política. Não existe uma ideologia que possui todas as respostas, como um livro de culinária em que você pega uma ideologia e diz: "Ponto um. Vamos fazer isso hoje e amanhã estaremos livres. Aí vem a utopia. Só mais três coisas e estaremos livres". Não é assim que funciona.

74

Uma luta política em andamento é realmente fazer perguntas sobre as estratégias que são apropriadas para um determinado ponto no tempo enfrentando um conjunto particular de desafios e se pronunciar.

Estamos em um desses momentos no qual as pessoas pensam sobre possibilidades políticas de formas diferentes. Assim, quero saber qual tipo de flexibilidade é mais útil para um certo conjunto de desafios.

Farei agora um esquema. Vou só nomear tipos de política. Começarei com algo chamado "política de sobrevivência". Se você não sobreviver, não há mais política. E, com muita frequência, a luta em prol da sobrevivência é vista como algo natural que simplesmente fazemos. Quase como se estivéssemos na selva e, como os animais, tudo o que soubéssemos fazer fosse tentar sobreviver.

As políticas de sobrevivência são bastante sofisticadas. Quando olhamos para as mulheres negras, os esforços para sobreviver e ajudar os outros a sobreviverem é realmente a fundação do altruísmo, é a fundação do amor, requer um conjunto completo de habilidades para decidir que você se comprometerá com a sobrevivência das pessoas negras. Em especial se você faz parte de uma cultura que não está nada comprometida com isso.

As pessoas podem ter pouquíssimos bens materiais, mas sabem que têm umas às outras, e isso é essencial para a sobrevivência. A luta para criar comunidades é essencial para as políticas de sobrevivência, mesmo que seja somente para proteger os vulneráveis de ameaças exteriores. Eu diria que essa luta por sobrevivência, em particular, precede a democracia. A democracia pode ir e vir, mas a sobrevivência é básica.

A segunda dimensão, ou parte da política, é o que chamo de política cultural. Geralmente, e necessariamente, não vemos a cultura como política. Não vemos a criação de arte, drama, ficção, poesia, *hip-hop*, música, *rap*, *tagging* e todos esses aspectos da política cultural da vida afro-americana como políticos. Seria apenas arte. Mas qualquer coisa que empodere as pessoas, que alimente suas almas, é, na verdade, uma forma de política. A política cultural pode parecer apenas entretenimento, e é exatamente nisso que o capitalismo quer transformá-la. Somos muito mais familiarizados em identificar "políticas reais" com políticas de protesto. Esse é o protesto organizado contra algum erro maior. Como temos políticas de protesto quando estamos sendo castigados e não possuímos direitos? Portanto, quando chegamos ao ponto de termos direitos e podermos protestar de forma coletiva e organizada, chegamos a um marco importante. Conseguir mantê-lo é algo totalmente diferente.

A quinta categoria são as políticas formais.

Os cientistas políticos muitas vezes reconhecem erroneamente o governo como política. Filtramos tanto através das lentes da política formal, mas isso limita nossa habilidade de enxergar as interconexões entre suas diversas formas de ações políticas que sempre existiram, mas não necessariamente na mesma constelação? No momento em que estamos agora, de populismo da extrema direita, é provável que vejamos uma reorganização da política, das ações políticas e, talvez, uma relação de mudança entre essas estratégias particulares de política. A política de sobrevivência é o alicerce do feminismo negro. E sobreviver pode se tornar mais ou menos difícil dependendo da natureza da ameaça. O protesto pode ser punido, tornar-se perigoso e se ocultar. O protesto nunca some, apenas se oculta. O protesto persiste, mas de formas muito menos visíveis.

E todos achavam que a política estava morrendo, mas não parece ser o caso. A política formal forneceu, historicamente, grandes barreiras para a participação das mulheres negras, mas é importante tentar. Durante tempos de repressão, a política cultural pode se tornar insignificante, como um lugar para crítica e imaginação, mas, ainda assim, essa política pode ser esquecida, mal compreendida, mal identificada e, talvez, comercializada e apropriada como não sendo nada político. Por exemplo, nos Estados Unidos, há uma chuva de sátiras de comédias surgindo no momento, o que é uma crítica indireta a muitos produtos culturais americanos. E é uma forma de protesto, sobrevivência e organização, tudo ao mesmo tempo, além de ser mais seguro que aparecer com uma placa e se unir a uma organização. Por isso eu argumentaria que as políticas cultural e artística são sempre importantes para grupos subordinados.

Quero deixar duas questões para vocês pensarem.

A primeira é que democracia, para mim, é um ideal. Nós ainda não a tivemos, para além de políticas formais. Os Estados Unidos possuem uma história de democracia e desigualdade profundamente entrelaçadas. O ideal de democracia, de que somos todos iguais, pode ser sintetizado na frase "Venha para a América. Você pode ser tudo o que quiser, garotinha negra". Isso não é necessariamente verdade. Assim como não há atalhos para as políticas de empoderamento, não há atalhos para a democracia.

Zora Neale Hurston [1891-1960], escritora afro-americana, afirmou após a Segunda Guerra Mundial: "Eles me dizem que essa forma democrática de governo é uma coisa maravilhosa. Tem liberdade, igualdade, justiça, enfim, tudo! O rádio, os jornais e os colunistas dos jornais disseram quão adorável ela é. Toda essa conversa e esse louvor me levaram a experimentar algumas dessas coisas. Tudo o que quero fazer é me apossar de uma amostra dessa coisa, e declaro que, com certeza, tentarei"[5].

Hurston falava da luta constante, após uma guerra em prol da democracia, que dizimou um enorme número de pessoas ao redor do mundo. Soldados negros voltaram para a América, onde não eram livres. Não havia democracia em sua própria casa. A partir daí, ela disse: "Cara, eu adoraria um pouco dessa democracia por causa das ideologias dos Estados Unidos que dizem que somos democráticos".

A segunda questão é: como o desenvolvimento de uma noção cara de ação política pode fornecer ferramentas para a participação democrática? Os instrumentos que apresentei sobre políticas de sobrevivência, políticas formais, políticas de protesto, políticas culturais etc. nos distanciam do reconhecimento de como as pessoas contribuem de formas diferentes para um projeto democrático mais abrangente?

Não tenho certeza. A visão de solidariedade de que precisamos apenas nos dar as mãos e ficarmos juntas para conquistar o mundo é a estru-

---

[5] Zora Neale Hurston, "Crazy for Democracy", The Nigro Digest, 1945. Também disponível em Alice Walker (org.), *I Love Myself When I Am Laughing... and Then Again When I Am Looking Mean and Impressive: A Zora Neale Hurston Reader* (Nova York, The Feminist Press/City University of New York, 1993).

tura das políticas de protesto. Mas, se olharmos de forma mais abrangente, talvez vejamos uma solidariedade mais flexível e estratégica.

Usarei o exemplo das mulheres negras. As mulheres e os homens negros têm interesses em comum, mas às vezes não. E, por isso, há a necessidade da voz independente do feminismo negro. Portanto, a noção de heterogeneidade, ou solidariedade flexível, se torna bastante importante. Acho que devemos nos perguntar sobre a implicação dessas ferramentas.

Por fim, como seguimos vivendo nesse momento em particular? Como carregamos esse legado do passado ao futuro, que afeta o presente, e como pensamos onde estamos agora? Estamos no meio de um longo arco temporal. Comecei com cativeiro, e esse é um longo arco temporal. Espero que vocês possam ver que essa não é uma luta única. Só porque você venceu na terça-feira não significa que funcionará da mesma maneira na quarta-feira. A história dos negros está cheia de todos os tipos de história de conquistas que foram tiradas de suas mãos.

Raquel Barreto[6]

Tenho a árdua tarefa de comentar essa fala. A primeira coisa que eu gostaria de apontar é que considero a teoria proposta pela professora

---

[6] Raquel Barreto é doutoranda em história pela Universidade Federal Fluminense e autora de dissertação de mestrado sobre o pensamento de Angela Davis e Lélia Gonzalez. Pesquisa no doutorado as relações entre o Partido dos Panteras Negras, imagem e revolução. Foi curadora das exposições "Carolina Maria de Jesus: um Brasil para os brasileiros" e "Heitor dos Prazeres é meu nome".

Patricia Hill como parte de uma tradição de pensamento teórico que mulheres negras têm desenvolvido ao longo da história.

Essa tradição que mulheres negras têm desenvolvido corresponde a uma desobediência epistêmica porque rompe com ideias, rompe com tradições políticas originárias, com uma tradição teórica crítica que poderíamos chamar de marxismo ou, quem sabe, de anarquismo, ou outros pensamentos políticos no campo das esquerdas. Rompe com teorias políticas que não dão conta da posição das mulheres negras, rompe com o chamado feminismo, e chamarei de forma hegemônica para não chamar de feminismo branco, algo que seria empobrecedor. Todo esse *framework* é um exercício de desobediência epistêmica que rompe com definições tradicionais. E o exercício que Patricia Hill Collins faz em seu livro nós precisamos fazê-lo no Brasil – o exercício de mapear, de construir uma genealogia, de olhar para trás e saber quais legados nos informam.

A discussão do feminismo negro não começou nesta geração. Temos um grande legado de mulheres que vieram antes de nós e construíram o caminho para que estivéssemos aqui. Essa é uma luta de gerações. "Nossos passos vêm de longe" significa que, antes de nós, vieram outras mulheres negras. E não necessariamente tudo o que elas produziram pode ser chamado de feminismo negro, porque às vezes há algumas incorreções teóricas. O pensamento desenvolvido por mulheres negras tem muito a ver com resistência, porque são formas de pensamento individuais e coletivas de resistir ao mundo da supremacia branca, ao mundo do capital, ao mundo da heteronormatividade e do patriarcado. São exercícios coletivos.

80

Um aspecto importante na produção da professora Patricia é a ideia da reconquista da voz, de se ter uma voz de alta definição. Toda vez que falamos sobre construção de discurso, eu me lembro muito de uma autora, de uma teórica, que para mim é muito cara, que se chama Lélia de Almeida Gonzalez [1935-1994].

Um texto muito conhecido de Lélia – "Racismo e sexismo na cultura brasileira" – começa com uma frase, espécie de anedota, que é a descrição da realidade. Ali ela fala sobre aquela neguinha que queria sentar à mesa. Era uma festa de brancos, muito legal. Numa mesa, falam dos negros, e a plateia, toda negra, fica observando os brancos falarem. Não convidaram os negros para sentar, e, quando chamam a "neguinha abusada", ela pega o microfone e faz todo um discurso contra os brancos. É um texto anedótico. A "neguinha abusada" é a Lélia.

Aquilo é uma autoficção dela mesma. Aquele discurso é necessário por causa da metáfora das cadeiras. A mesa corresponde às relações estruturais. Para que a Lélia ou outras pessoas negras da plateia se sentassem, a arrumação daquela mesa precisaria ser mudada.

Essa é uma imagem muito importante que perdemos quando lemos esse texto da Lélia, pois o que interessa são as relações de poder que sustentam a mesa. As relações de poder são estruturais. Eu queria trazer essa imagem da Lélia para pensar a autoenunciação para além de um exercício importante de descoberta, de falar de si. É um exercício que move estruturas. Eu faço doutorado e estudo o Partido dos Panteras Negras. Estudo a história dos Estados Unidos. Porém, eu me preocupo muito com a forma que a teoria produzida lá tem sido recepcionada no Brasil, uma forma colonizada. A gente precisa ter uma reflexão crítica, inclusive para que essa teoria possa ter mais força e serventia.

Nem tudo o que os afro-americanos falam e teorizam vale para a gente e para a realidade brasileira. Temos um dado muito importante nessa relação. Eles são, numericamente, uma minoria. Nós somos a maioria da população brasileira. Esse é um dado que perdemos quando fazemos esse debate e transportamos essas teorias de forma acrítica. Não façamos uma recepção colonizada de tudo o que é produzido nos Estados Unidos. À lei dos direitos civis e à lei do direito ao voto[7] soma-se o direito à não discriminação na compra e no aluguel de casas. Nós vivíamos, nesse mesmo período, um racismo *denegação*[8], como a Lélia falava.

O racismo que marca o Brasil e as experiências na América Latina é um racismo *denegação*. Eles tratavam de um sistema de supremacia aberta, enquanto nós lidamos com um sistema de racismo que nega sua existência. Temos diferenças. E é bom não perdermos de vista que as ações afirmativas, que deram a muitos de vocês aqui a oportunidade de entrar na universidade, foram uma política do movimento negro que o governo implementou. Essas são lutas das nossas e dos nossos antecessores. É sempre bom lembrarmos disso.

---

[7] A Lei dos Direitos Civis, de 1964, revogou as leis de segregação racial nos Estados Unidos e permitiu que a população negra frequentasse os mesmos locais que a população branca. A Lei do Direito do Voto, de 1965, acabou com restrições eleitorais a negros e negras em alguns estados do sul.

[8] Denegação, do conceito *Verneinung*, elaborado por Freud em 1925, que define uma característica que o sujeito possui, mas nega.

82

Retomemos a ideia de uma tradição de mulheres negras que se pensavam, na década de 1940, no Teatro Experimental do Negro, fundado pelo Abdias Nascimento e pelo Guerreiro Ramos.

Temos uma tradição muito rica e poderosa que nos formou, que nos trouxe até aqui. E nessa tradição, no Teatro Experimental do Negro, tínhamos uma mulher chamada Maria de Lurdes Vale Nascimento [1924-1995], que assinava uma coluna no jornal do teatro, denominada "Fala a mulher". O nome era *Jornal Quilombo* e está disponível na internet. Ali, a Maria de Lurdes Vale Nascimento discutia a participação política das mulheres negras e defendia a regulamentação do trabalho doméstico. Isso nos anos 1940!

Lembramos que parte da retórica ressentida contra os anos dos governos do Partido dos Trabalhadores [2003-2016] relacionou-se com a criação da PEC das empregadas domésticas, que garantiu igualdade de direitos. Isso destampou questões e muito mal-estar gerou, quando as pessoas souberam que teriam de pagar um salário mínimo – ao menos um salário mínimo! – para as empregadas e assinar suas carteiras de trabalho. Vocês se lembram de todo o drama que isso gerou e todo o resquício estrutural do racismo das relações geradas lá na colônia, na *plantation*?

Pensando numa especificidade do feminismo negro brasileiro, lendo a professora, eu diria que nós, mulheres negras no Brasil, temos uma relação muito grande com a questão da territorialidade. Isso fará uma ponte para outra questão. A professora desenvolveu o conceito de *imagens de controle*. O conceito de imagens de controle serve para pensar em muitos dos estereótipos que reduzem a complexidade de nossas existências. Quando pensamos no conceito em um contexto que reúne experiências de pessoas negras na diáspora africana, a imagem hiper-sexualizada é recorrente. Não só de mulheres, mas de homens negros, que também são hipersexualizados na projeção do tamanho do pênis e na virilidade, o que, por um lado, pode parecer para alguns homens uma afirmação positiva de sua sexualidade. No entanto, o outro lado dessa moeda, esse estereótipo, cria a ideia de que os homens negros são "naturalmente" estupradores, em função de sua sexualidade desenfreada e irracional.

Esse é um imaginário que circula não só o Brasil, mas também as diásporas dessa ideia do sexo sem controle que funda a representação da masculinidade negra. E uma dessas imagens é a hipersexualização da mulher negra. A mais tradicional é a da "mulata assanhada", que está presente na cultura popular atual. Eu sou carioca, e na minha cidade a cultura do *funk* é muito marcada. Quando falamos "funkeira", não sei qual é o contexto em São Paulo, mas na minha cidade você já imagina um tipo de menina, negra, com um tipo de roupa fazendo determinados movimentos. No Rio, há algum tempo, havia a história dos bailes *funk* em que as meninas ficavam grávidas e ninguém sabia de quem. Trata-se de uma série de projeções da classe média branca e da burguesia, ou da imprensa, que é muito responsável pela veiculação dessa imagem erotizada das meninas do *funk*. Essa é uma das imagens de controle.

A outra é a Mãe Preta. Compartilho da concepção de Lélia sobre a Mãe Preta, que é uma ideia mais complexa. Outra imagem clássica é a da "neguinha barraqueira". Essa é totalmente ligada à territorialidade, que é a neguinha do morro, favelada, barraqueira, aquela que virá aqui fazer escândalo. A "neguinha atrevida" é aquela metida, que se mete nos lugares em que não deveria estar, o que também tem a ver com território, pois ela está aqui na universidade levantando o dedo para falar toda hora. Ela é muito abusada, metida, não é?

Além dessas, há a mãe beneficiária do programa Bolsa Família. Ela não necessariamente é negra, mas ela não é branca. É aquela mulher lá do Nordeste, sabe? Elas fazem um monte de filho para pegar o Bolsa Família. E essa é uma imagem de controle. Porque sabemos como isso foi mobilizado, e durante a última campanha eleitoral [2018] ficou mais evidente como era a força da mulher. Nos Estados Unidos, elas têm a expressão da mãe usuária do *welfare state*, uma imagem parecida com a que se desenhou durante os governos do PT, a mãe beneficiária do programa social, a mãe do Bolsa Família.

Outra imagem de controle também é sobre a maternidade que, na minha cidade, se chama mãe de bandido. O que é a mãe de bandido? É uma imagem cruel, perversa. Há uma antropóloga chamada Luciene de Oliveira Rocha, que fez sua tese de doutorado no Texas, em Austin, sobre esse tema. Parte das reflexões que compartilho aqui vem do trabalho da Luciene. Quando pensamos na sociedade em que vivemos, uma sociedade heteropatriarcal normativa, a figura da mãe é a figura da excelência e da perfeição. O que acontece quando essas mães e essa maternidade são de uma mulher negra e de um contexto periférico, favelado? Toda a sacralidade que a maternidade envolve é tirada dessa mulher.

85

Em minha cidade, com frequência, o Estado, por meio da Polícia Militar, mata jovens, meninos e meninas negros de forma inexplicável. Todas as vezes em que essas mães vêm a público denunciar e mostrar sua dor, são tachadas de mães de bandido. Logo, são responsabilizadas pelo que aconteceu com aquele menino ou aquela menina. A maternidade delas, a experiência de mãe e o cuidado com seu filho é criminalizado. E o choro numa sociedade patriarcal é um elemento que as mulheres brancas podem ativar com muito mais facilidade que nós. O choro de mulheres brancas pode mobilizar, enquanto o choro de mulheres negras não mobiliza nada. Aprendemos desde pequenas essa educação cruel de segurar o choro.

Essa dimensão da dor das mães consideradas "mães de bandido" evidencia muito o que a interseccionalidade quer dizer. Desmistifica-se a ideia de a maternidade ser sagrada, desmistifica-se a ideia de qualquer sensibilidade feminina, porque, historicamente, não temos isso. Reconstruímos um contínuo histórico da experiência de maternidade lá do período da escravidão, quando mulheres negras não tinham direito a seus próprios filhos.

E hoje, no pós-abolição, em outra conjuntura, em outro contexto, a maternidade das mulheres negras continua não sendo respeitada. Há um contínuo histórico disso. Não sei se vocês estão familiarizados com a filósofa Denise Ferreira. Ela tem uma frase muito provocativa: "Por que a morte de pessoas negras e as violências raciais contra elas não provocam uma crise ética?". E eu, parafraseando a fala da Denise, pergunto: "Por que o choro e a dor das mães negras não provocam uma crise ética?". E é bom falar que, quando um jovem ou uma jovem negra são mortos, as mães de certa forma também morrem nesse processo. Podemos discutir o que é a natureza humana daqui até o final do seminário e não teremos um consenso, mas sabemos de uma coisa: não é da ordem natural que mães enterrem seus filhos. Isso não é da ordem natural. É uma quebra de paradigma do que significa a vida humana. Os que vieram primeiro vão primeiro. Os que vieram depois vão depois. E essa ideia dessa mãe, dessa maternidade que não é respeitada, acho que evidencia também a inexistência de democracia numa sociedade como a brasileira.

Mas nós, que vivemos em determinados territórios, que temos determinada cor, sabemos que essa democracia nunca existiu. É uma democracia de desiguais. Não há possibilidade de democracia entre desiguais. A democracia parte do pressuposto de que há igualdade, e no Brasil não há igualdade para a população negra e para os povos originários.

Perguntas do público

• Conte um pouco sobre como, durante os últimos trinta anos, as mudanças na sociedade influenciaram sua forma de falar sobre o feminismo negro. Era mais fácil ou mais difícil tratar do assunto naquela época?

• A senhora considera o poder policial, o braço armado do Estado, como um domínio estrutural do poder?

• Fale das políticas de empoderamento e de como podemos fazer uma espécie de movimento de contingenciamento do termo, inclusive pensando no esvaziamento do empoderamento a partir de um discurso mercadológico que o vincula aos acessos proporcionados pelo capitalismo.

• Como a senhora sabe, o Brasil é um país em que 72% das trabalhadoras domésticas são mulheres negras e que lutam, ainda hoje, pelo reconhecimento do seu trabalho. Qual é a centralidade das estratégias de luta das trabalhadoras domésticas nas resistências de mulheres negras?

Patricia Hill Collins

Vou começar pela primeira pergunta, que fala sobre as diferenças entre escrever antigamente e agora. Acho que há trinta anos, quando escrevi este livro, era consideravelmente mais fácil falar por várias razões. Havia o final de um movimento social. Era bastante óbvio que a política de protesto tinha produzido um trabalho significativo em relação à produção cultural de mulheres negras. Os livros dessas autoras eram novidade e houve a descoberta das mulheres negras como pensadoras e executoras. Era comum sermos seduzidas por toda aquela fama. E a cultura americana tende a fazer isso. Ela realmente quer consumir o "novo" e, depois, mudar para o próximo "novo". Mulheres comuns estavam lendo *O olho mais azul*, de Toni Morrison, um livro inovador. Mas havia a ignorância das políticas. Agora ficou mais difícil ser ouvida, ficou mais difícil falar. Posso comentar sobre as universidades americanas, que reconheceram os tipos de mulheres negras engajadas no feminismo negro, muitas das quais saíram de cenários de movimentos negros e foram à academia como professoras e também como

88

estudantes. Com o tempo, foram substituídas por mulheres negras diferentes, que tinham a cor negra, mas não necessariamente as políticas do feminismo negro. Essas mulheres têm esperanças? Elas estão conectadas com as comunidades? Elas veem a interseccionalidade como algo orgânico à luta do feminismo negro ou elas a veem como uma teoria social que atinge qualquer lugar e qualquer um? Qual é a política dessas pessoas? Eu passei por um período em que fiquei simplesmente desencorajada e disse: "Vou me aposentar agora. Eu posso fazer outras coisas". Mas no início dos anos 2000 se iniciou uma ressurgência. E, para ser franca, o movimento brasileiro me animou a voltar e observar o que estava acontecendo nos Estados Unidos. Porque eu nunca esperei haver tanta euforia como aqui, tanta excitação por parte de jovens em movimentos. E comecei a enxergar muita coisa. Havia toda uma nova geração de mulheres negras jovens que estavam levando minhas ideias adiante e comunicando-as de forma diferente. E as comunidades também tinham mudado de maneira drástica.

Basicamente, é por isso que estou convencida de que esse longo arco de lutas com diferentes constelações de respostas políticas é de fato a maneira de se pensar sobre lutas de longo prazo. Porque, se aceitarmos pouco, poderemos simplesmente deixar tudo de lado e dizer: "Vencemos!". Quando Michelle Obama estava na Casa Branca, muitas pessoas acharam que ela seria amiga delas para sempre, porque ela era tão legal... "As mulheres negras chegaram". Eu não a conheço pessoalmente, mas ela parece legal mesmo. Agora [2019] temos a Melania Trump como primeira-dama. E isso é muito diferente. Totalmente diferente.

Vou tentar responder à segunda pergunta bem rápido. Uma coisa que tentei teorizar ao longo da minha carreira é o poder. Falamos sobre poder o tempo todo, mas não há um consenso sobre o que ele realmente é. Uso esse modelo de domínios de poder. A matriz de dominação é a relação de poder entre raça, classe e gênero. Essa é a estrutura interseccional das relações de poder, dos tipos de poder. Existem poderes raciais e poderes nacionalistas. Mas a outra parte dos domínios de poder fala realmente sobre relações de poderes estruturais, as relações de poderes culturais, o poder disciplinar, que são as maneiras pelas quais somos disciplinados a irmos para os lugares designados, e o poder interpessoal, ou o poder de como tratamos uns aos outros. Acho que essa estrutura de domínios de poder em particular é muito significativa para a democracia participativa. Se você não consegue imaginar a democracia no seu cotidiano em relação a como você está tratando as pessoas, à igualdade, ao tratamento igual, à participação igualitária, você passa a reconhecer as diferenças entre as pessoas. Se você não tem nenhum conceito de democracia como uma relação interpessoal e como uma resistência contra tentativas de nos disciplinar, como a fazemos crescer em países tão grandes quanto o Brasil e os Estados Unidos?

A outra pergunta é sobre as políticas de empoderamento e como o termo "empoderamento" vem sendo esvaziado dentro de um discurso mercadológico que o relaciona ao acesso proporcionado pelo consumo.

E a última é a respeito da questão do trabalho doméstico. Acho que o verdadeiro poder das trabalhadoras domésticas negras vem de começarem a desenvolver essa análise de como o posicionamento das mu-

90

lheres negras no Brasil, como grupo, tem implicações maiores sobre o país do que como mulheres individuais.

Agora, a questão sobre empoderamento é muito interessante. O capitalismo pega uma palavra e esvazia totalmente o potencial de resistência daquela palavra. E ele pode convencê-lo a ligar essa palavra a algo que tem significado para você, como o empoderamento, transformá-lo em alguma outra coisa e vendê-lo de volta a você fazendo algum dinheiro. Podemos dizer que isso é realmente brilhante. Então, se eu conseguir convencer vocês a pensarem no empoderamento não como um esforço coletivo – e percebam que durante toda a palestra eu falei sobre o coletivo, sobre grupos –, mas algo relacionado apenas ao indivíduo. E essa seria realmente uma filosofia neoliberal se formos entrar nessa questão.

O empoderamento é sobre um grupo. Tudo gira em torno da heterogeneidade individual e da subjetividade. E é isso que significa liberdade. Liberdade é para você fazer tudo o que quiser, ser quem quiser, sem ter nenhuma obrigação nem ter de dar satisfação a ninguém. Essa é uma coisa interessante para se vender às pessoas. E se você puder anexar produtos de consumo, como arrumar o cabelo de um jeito específico ou usar um determinado par de botas, ou se você tem um tipo específico de bolsa... Se você for realmente estilosa, pode ser livre e empoderada. Essa é uma forma de empoderamento que compra a ideia da retórica de que podemos ser tão separados de todo o resto do mundo que nossos destinos não estão ligados aos destinos das outras pessoas. Não existiria história, não existiria comunidade, mas só eles e sua excepcionalidade. A individualidade importa, e muito, mas importa no contexto de comunidade. E não é isso que diz essa forma de empoderamento? Ela diz que você se empodera deixando as outras pessoas para trás, que elas estão puxando você para baixo. "Esqueça seus parentes, eles são feios demais para ficarem ao seu lado. Você é bonita. E se você não se sente bonita, o que faremos é vender a você tudo de que precisa para se empoderar."

Quando uma palavra não serve mais a seu propósito, você precisa seguir em frente, o quanto antes. Pois as mulheres negras resistiram ao termo "feminismo" porque o associavam às mulheres brancas. Se o termo "feminismo" não funciona mais, todos temos de deixá-lo para trás ou reclamá-lo e continuar a redefini-lo para que ele signifique o queremos que signifique.

SILVIA FEDERICI

"A caça às bruxas não acabou."

Eliane Dias[1]

Quero agradecer imensamente pela presença de todos aqui. É confortante, é fantástico. E em um momento em que estamos em tempos tão inóspitos, que estejamos juntas e juntos nesta noite. Para quem não me conhece, sou Eliane Dias, ativista e empresária no mundo da música no momento. As minhas maiores pautas são as questões de gênero e raça. Hoje estamos aqui com a ilustre presença da Silvia Federici, feminista, ativista, escritora, que está lançando este livro, *Mulheres e a caça às bruxas*.

Silvia Federici

Vim aqui hoje depois de passar um mês viajando pelo Brasil. Quero dizer que meu coração está cheio de energia por causa de todas as

---

[1] Eliane Dias é advogada, empresária, ativista política e feminista. É também produtora de Mano Brown, Racionais, RZO, Altniss e 5PRAI. Em 2017, foi eleita a melhor empreendedora musical do ano pelo "Womens' Music Event Awards".

96

mulheres, das lutas e das histórias que me mostraram. Apesar dos tempos difíceis, as pessoas estão resistindo e construindo novas formas de vida. Da Amazônia aos espaços urbanos e às escolas, há uma luta constante e redes estão se formando na perspectiva de se planejar um mundo diferente.

Quero falar de dois tópicos: democracia e caça às bruxas.

A primeira reflexão é sobre a democracia em colapso. A pergunta é: se olharmos a história dos últimos quinhentos anos, podemos realmente dizer que houve um tempo na história em que o capitalismo foi de fato democrático?

Se a democracia significa autodeterminação, se a democracia significa "governo do povo para o povo", como dizem nos Estados Unidos, e se a democracia significa que todos têm acesso igual aos frutos da Terra, infelizmente sou levada a concluir que nunca houve nada semelhante na história do capitalismo moderno. O sistema começa com conquista, colonização, escravidão, caça às bruxas e, de diferentes maneiras, continua nesse caminho até o presente, com guerras mundiais e, hoje, com um estado permanente de exposição mundial que vem sendo feita em várias formas, formas tradicionais, assim como microformas, exposição mundial da militarização do dia a dia, que agora está se estendendo para quase todo canto do mundo.

Então acho que precisamos entender que, quando falamos em democracia em colapso, quando levantamos a questão, que com certeza é muito importante, é porque essa sociedade em que vivemos e seu sistema social são muito habilidosos em criar uma hierarquia de formas de vida desiguais que faz com que olhemos para determinados locais, períodos da história ou setores da população e fiquemos com a impressão de que tudo está bem.

Então a habilidade de criar *status* hierárquicos de vida, por exemplo, ter pessoas escravizadas em algumas partes do mundo que trabalham duro para ter salários ou que parece haver um local adequado, um mundo adequado para o trabalho deles, essa habilidade cria uma quantidade tremenda de confusão, porque é a ideia de que, de alguma forma, quando vemos violência, quando vemos injustiça, as vemos como anormalidades, como uma perversão de um sistema que, em sua essência, poderia fornecer uma vida boa para as pessoas do mundo.

Eu venho de uma perspectiva que acredita que, qualquer que seja a forma de democracia vivenciada em determinadas localidades ou tempos históricos, ela só foi possível devido às tremendas lutas travadas.

Foi por meio dessas tremendas lutas que as pessoas travaram que determinados direitos foram conquistados. Então, acho que isso é algo muito importante para se ter em mente, porque nos mostra que, de certa forma, é só travando uma luta tremenda para mudar este mundo que poderemos ter esse processo de autodeterminação envolvido no conceito de democracia. E me parece que a situação é ainda mais clara quando a examinamos do ponto de vista das mulheres. Mesmo quando parcelas da população masculina tiveram acesso a algum tipo de democracia, por exemplo o voto, a maioria das mulheres ficou excluída disso. Em outras situações, enquanto um grande número de homens, especialmente brancos, teve acesso ao trabalho remunerado, a maioria das mulheres sempre trabalhou em modalidades não remuneradas, se não em ocupações que beiravam a escravidão.

Um princípio muito importante aprendido ao olharmos a história é que para entender a sociedade precisamos olhar pelo ponto de vista daqueles que vivenciaram isso de baixo. Esse ponto de vista sempre nos mostra a verdade do sistema e revela a perspectiva daqueles que conheceram o capitalismo por meio da conquista, da escravidão e da colonização. Não é coincidência que algumas das lutas mais relevantes tenham acontecido na América Latina.

E acredito que é importante entender que algumas das mudanças da perspectiva política que aconteceram durante a metade do último século são conhecidas pela construção e pelo desenvolvimento de uma luta anticolonial e da luta daqueles que foram escravizados.

É claro que a mudança na concepção do que significa fazer uma evolução e o que é o conteúdo de uma luta mudaram tremendamente como resultado da construção da luta anticolonial dos anos 1960, da luta contra o *apartheid*, da luta pelos direitos civis nos Estados Unidos, da luta pelo poder negro, que, de certa forma, abriu uma nova perspectiva de como a sociedade capitalista acumulou riqueza e de quem tem o objeto da luta evolucionária. O crescimento do movimento feminista nos Estados Unidos nos anos 1970 foi profundamente influenciado pela luta pelos direitos civis e pelas lutas anticoloniais.

Esses enfrentamentos desafiaram a visão tradicional da esquerda, seus lugares, as fábricas e a classe trabalhadora industrial no centro da revolução, no centro da acumulação capitalista. Isso mudou nos anos 1960-1970. A luta anticolonial e a luta pelos direitos civis nos Estados Unidos abriram novas áreas de atuação, de uma forma que não poderiam mais ser ignoradas ou combatidas. Tratava-se de uma nova era de trabalho e de acumulação que tinha sido marginalizada pela tradição da esquerda. Isso teve um profundo impacto no movimento feminino.

Não foi algo inédito. O início do movimento feminino nos Estados Unidos, em 1848, aconteceu depois de um número de mulheres brancas terem participado, em Londres, de uma reunião de abolicionistas. Elas fizeram a conexão entre sua vida e a falta de direito com a escravidão,

E algo similar aconteceu em 1970, quando o movimento pelos direitos civis também estimulou fortemente o movimento feminista. Ali se percebeu que vários aspectos da vida, como a reprodução, haviam sido ignorados pela esquerda tradicional.

O sistema capitalista não pode ser entendido, a não ser que olhemos para ele de todos os pontos de vista, de todos os temas diferentes e de todas as diferentes formas de exploração. Isso se aplica a todos os sistemas, mas em especial a um sistema capitalista que tem como foco criar a diferença e a hierarquia. Porém, aqueles que estão embaixo, de certa forma, têm uma perspectiva privilegiada, e claro, ao mesmo tempo, em decorrência dessa perspectiva privilegiada e do fato de a luta ser tão extremamente importante, por causa disso, eles também são sempre o alvo das mais severas perseguições, e essa é a questão da caça às bruxas. O passado e o presente entram em cena.

100

Quero falar de um modelo moderno de caça às bruxas, o qual acredito ter uma grande conexão com o que está acontecendo neste país – e não somente no Brasil. Essa caça, por muitos anos, tem sido organizada contra mulheres negras nos Estados Unidos. Novamente, eu me refiro a essa situação, porque ela explica de uma forma especial o que está acontecendo com várias mulheres pelo mundo.

Comentei que o movimento pelos direitos civis foi um ponto decisivo na política não somente nos Estados Unidos, mas acho que no mundo todo. Com certeza, as mulheres negras estiveram na linha de frente dessa luta e, mais importante, também foram aquelas que estenderam a luta de uma forma feminista. Uma das consequências do movimento pelos direitos civis foi uma exigência pouco reconhecida, por ter sido muito reprimida. Trata-se da luta das mulheres negras nos Estados Unidos na questão da reprodução, geralmente chamada de luta das Mães pela Assistência Social. O nome indica uma organização nacional de mulheres, a maioria negras.

O programa era um dinheiro, um subsídio, que desde 1930 o governo dava às mães solteiras. Elas não tinham marido, não tinham emprego por terem crianças pequenas e tiveram acesso a esse programa criado pelo New Deal. Era destinado especialmente às mulheres brancas viúvas ou que se encontravam sozinhas com crianças pequenas.

Nos anos 1960, no rescaldo do movimento pelos direitos civis, muitas mulheres negras combativas e organizadas começaram a analisar o programa e dizer: "Esse dinheiro dado como se fosse caridade não é uma caridade, é um dinheiro importante, pois criar crianças é um trabalho".

101

Houve uma profunda ligação, no fim dos anos 1960 e começo dos 1970, entre essas mulheres negras no movimento pelo direito ao Programa de Assistência Social e o movimento feminista, que nos mesmos anos estava descobrindo a reprodução. Estávamos descobrindo que tudo era trabalho. Trabalho doméstico, criar as crianças, sexo, isso é tudo trabalho, não é só um serviço pessoal, não é só algo que fazemos porque somos mulheres. Se temos útero, é o que fazemos, cozinhamos. Estávamos descobrindo que isso, na verdade, é trabalho organizado, assim como o trabalho nas fábricas. Em outras palavras, o que chamamos de trabalho doméstico é parte da organização capitalista de produção.

O trabalho doméstico em casa era um tipo especial de atividade fabril, no qual, em vez de produzir carros, cadeiras ou tapetes, produzíamos trabalhadores. É o que estávamos descobrindo no movimento feminista nos anos 1970, quando muitas mulheres negras se envolveram depois das mulheres brancas. Mas a luta das Mães pela Assistência Social colocou isso em prática. O que a luta das Mães pela Assistência Social fez foi não somente chegar à mesma conclusão, mas construir de fato uma política a partir daquela conclusão. Elas disseram: "Quando o governo precisa de soldados, eles levam nossos filhos. Quando precisam de pessoas para as fábricas, eles levam nossos filhos. Quando precisam construir estradas, eles levam nossos filhos, mas, quando pedimos ajuda para criar os filhos, eles nos dizem que é problema nosso, que são nossos problemas individuais". Então, elas fizeram a própria luta, e preciso dizer que nos arrependemos por essa luta não ter sido apoiada pelo movimento feminista.

102

Integrei uma organização que lutou por salários para os trabalhadores domésticos. E nossa organização se inspirou muito na luta das mulheres pela Assistência Social, porque vimos que isso é trabalho. Temos uma classe capitalista e um mundo de empregadores que faturam bilhões por não precisarem criar o tipo de infraestrutura necessária por terem convencido as mulheres a realizarem esse trabalho nas comunidades.

Façam um exercício de imaginação de apagar as mulheres da existência e pensem em quem irá trabalhar na segunda-feira. Economizaram-se bilhões graças às mulheres em diferentes regiões. E dissemos: "É hora da nossa luta pelo salário para o trabalho doméstico, que é uma luta que veio do princípio de que é hora de recebermos de volta toda essa riqueza que também produzimos".

O movimento das mulheres naquela época estava lutando para trabalhar fora de casa, havia muito a ilusão de que, se pudéssemos ter um emprego e entrar no ambiente de trabalho dominado pelos homens, seríamos capazes de ter mais poder, mais autonomia e assim por diante. Por causa disso, infelizmente, a luta das mulheres pela Assistência Social não teve apoio.

Depois de alguns anos, aos poucos, aquele dinheiro foi diminuindo, até que, em 1993, foi completamente cancelado por Bill Clinton, um presidente presumivelmente progressista e talvez feminista. Foi o marido de Hillary Clinton quem acabou com o programa, dizendo: "Não à Assistência Social, sim ao trabalho. Mande essas mulheres trabalharem". Ele queria dizer que trabalho doméstico não era trabalho e que criar filhos não era. O programa foi aos poucos se acabando.

103

Desde o começo dos anos 1970, houve uma verdadeira caça às bruxas contra as mulheres negras no movimento pela Assistência Social. Elas levaram a culpa por todos os problemas na economia e foram acusadas de serem parasitas do país, sem ética de trabalho, sem exemplos a seguir, porque suas mães eram parasitas e elas estariam vivendo às custas dos trabalhadores honestos. Houve uma campanha publicitária, os políticos começaram a atacar essas mulheres como se fossem criminosas, houve uma criminalização, e é disso que vou falar, da criminalização das mulheres negras por terem pensado em obter algum apoio, depois de várias gerações de pessoas negras serem escravizadas e serem forçadas a produzir bilhões e bilhões, a catar bilhões e bilhões de algodões no sul dos Estados Unidos, essas mulheres foram difamadas, tratadas como lixo pela mídia e pelos políticos por ousarem exigir apoio pelo trabalho de criar os filhos.

Isso teve grande impacto em minha vida e na de várias mulheres com quem trabalhei. Criticamos muito o movimento feminista por não ter se empenhado com a força que deveria ter tido para apoiar a luta e por não reconhecer que as mulheres negras no movimento pela Assistência Social estavam lutando por coisas que eram do nosso interesse. Não é um serviço pessoal, não é um dever das mulheres, não é algo simplesmente da natureza feminina, mas é algo que, de fato, beneficia toda a estrutura de poder. Esse é o começo da caça às bruxas, porque a caça às bruxas continuou. E não foi por acaso que as mulheres negras se tornaram um dos alvos da campanha que os políticos fizeram durante todos esses anos.

104

A situação delas em relação ao trabalho e em relação às suas comunidades é tomada como exemplo do fato de que onde não há uma mãe, onde a mãe não está envolvida em atividades de trabalho fora de casa, a comunidade não pode florescer. Ao mesmo tempo, as mulheres negras tiveram um grande impacto no movimento feminino, não somente pela luta pela Assistência Social, mas também pela luta pelo direito ao aborto.

Essa campanha foi central para o feminismo nos Estados Unidos e na Europa durante os anos 1970, até ser legalizado em muitos lugares. As mesmas mulheres negras lembraram que o direito de abortar é somente uma parte do controle dos nossos corpos, que vem junto com o direito de ser mãe. E falaram com um profundo conhecimento que, desde o tempo da escravidão, a maioria das mulheres negras não foi capaz de ter o direito de ser mãe. Como vocês sabem, nos tempos da escravidão, essas mulheres só podiam ser mães das crianças que iam a leilão. Muitas vezes nos Estados Unidos, em especial na Virgínia Ocidental, mulheres negras foram forçadas a fazer parte de uma indústria de reprodução. Eram sistematicamente estupradas e forçadas a procriar, pois os senhores descobriram ser mais barato produzir os escravos que trazê-los da África, principalmente depois que a Inglaterra determinou que o tráfico era ilegal no começo do século XIX.

Havia uma indústria de reprodução naquela época e o ataque à capacidade das mulheres negras de serem mães continuou até os anos 1940-50, com várias formas de esterilização. Nos anos 1970, por exemplo, na Califórnia, as mulheres negras ainda estavam sendo esterilizadas. E a esterilização acontece nas prisões até os dias de hoje.

Então, em 1990, teve início um movimento de mulheres negras afirmando que o direito ao aborto é só uma parte do que exigiam. A partir daí, criaram o Movimento pela Justiça Reprodutiva. Isso significa que o controle do nosso corpo não pode ser conquistado somente para o direito de abortar, tem de estar ligado à luta relacionada ao problema econômico de mudar as condições materiais da nossa vida, pois, se não tivermos as condições materiais para criar os filhos, não podemos falar sobre controle da nossa vida. Esse problema ainda é crucial hoje.

Desde os anos 1990, o Banco Mundial faz campanha pelo controle populacional. Em resposta à luta anticolonial, eles descobriram que as mulheres nas antigas colônias traziam muitas crianças ao mundo. Tentam justificar a pobreza de locais como a África, ou como a América Latina, ou de partes da Ásia, argumentando que as mulheres são responsáveis pelas comunidades serem pobres ao terem tantos filhos. Então todo esse controle populacional foi claramente uma resposta à luta anticolonial, ao fato de que se tem toda uma geração de jovens que estão vindo ao mundo e que querem a riqueza que estão tirando dos europeus, eles a querem de volta. Então descobriram o controle populacional.

De repente, não estavam felizes, as mulheres estavam tendo muitos filhos e havia tantos trabalhadores, o que geralmente os deixaria muito felizes, mais crianças, mais trabalhadores, o que significa salários mais baixos, mais exploração, mas, se esses trabalhadores se rebelassem, se esses trabalhadores pedissem sua riqueza de volta, se se organizassem como tinham feito na luta anticolonial, então seria preciso haver uma esterilização, então agora usam a explosão populacional,

106

então descobrem que são as mulheres que estão tendo muitos filhos. Algo assim está acontecendo hoje nos Estados Unidos também. E temos um processo.

O grupo com o qual atuo em Nova York está trabalhando nesse processo que foi chamado de criminalização da gravidez de mulheres negras. Uma ativista chamada Lynn Paltrow disse na Associação Nacional de Trabalhadores do Setor da Saúde que se você for uma mulher negra, pobre, imigrante ou latina e ficar grávida, você literalmente sai por si só da Constituição, ou seja, fica vulnerável a todo tipo de acusação. É algo inimaginável para qualquer outra pessoa.

Por exemplo, mulheres foram presas depois de se envolverem em um acidente de carro e elas disseram aos policiais que estavam grávidas, então foram presas.

Eles lhes disseram que elas tinham sido presas porque estavam colocando a vida do feto em risco. Mulheres foram presas por tomarem remédios legais que afetavam o filho no útero, e para dar um exemplo, uma mulher negra recentemente se envolveu em uma briga e se machucou, foi esfaqueada por outra mulher e foi presa. A mulher que foi esfaqueada foi presa, e a acusação foi: começar uma briga estando grávida.

Então, é disso que falamos quando nos referimos a uma caça às bruxas. Em várias partes do mundo, há uma verdadeira caça às bruxas. Em outras palavras, as mulheres ainda estão sendo acusadas de serem bruxas. Mas há outra caça às bruxas que precisamos enxergar. E há outras caças às bruxas que estão acontecendo, especialmente contra mulheres que foram submetidas ao empobrecimento.

Não estou dizendo que são pobres, estão sendo submetidas ao empobrecimento. O conceito de pobre naturaliza a pobreza, você tem que perguntar por que as pessoas são pobres, o que fez elas serem pobres.

E sobre as mulheres que estão em uma posição em que entendem a respeito de exploração e estão lutando contra ela. Temos de apoiar a luta delas. Porque a luta delas também é nossa luta.

Eliane Dias

Bem, dia a dia, acabamos vendo, entendendo e aceitando o quanto a escravidão foi violenta para nós, mulheres negras, o quanto o capitalismo é violento para as mulheres e talvez seja por isso que nós, feministas, tentamos conscientizar todas as mulheres de que juntas somos mais fortes.

Essa questão da prisão das mulheres grávidas, ou de criminalizar mulheres grávidas, ou de acusar mulheres grávidas, seja lá pelo que for, é uma coisa muito séria, é uma coisa que a gente vem falando de forma lúdica entre nós, negras, que talvez pegassem os nossos filhos dos nossos ventres. A gente vem falando disso já há algum tempo, porque a cada duas horas um jovem negro é assassinado no Brasil e as mulheres negras continuam sofrendo. Então pensar que do momento em que chegamos aqui até o momento em que vamos sair duas mulheres estarão chorando por seus jovens negros assassinados é uma coisa terrível, só juntas conseguiremos vencer. E com muito trabalho. É muito difícil, muito complicado.

108

Quero colocar ainda uma reflexão sobre o encarceramento em massa dos negros, o encarceramento em massa não só no Brasil, mas também fora do Brasil, em outros países, que se dá com uma violência muito maior, com a privatização das penitenciárias.

É muito conveniente que se privatizem as penitenciárias e se coloque uma nova forma de escravidão para funcionar, coloquem o povo para trabalhar encarcerado, de graça, sem pagar para fazer um sapato, sem ter de pagar imposto para fazer uma mesa, sem ter de pagar imposto para costurar uma roupa, sem ter que pagar salário, então é uma reflexão muito ampla, bem grande. E também a questão, que eu penso de forma bem distante, essa questão de diminuir a população negra, seja de que forma for.

Bem recentemente, é muito recente, eu soube de alguns hospitais aqui em São Paulo que esterilizavam mulheres, tive contato com algumas delas, é uma coisa realmente bem complicada, então juntas somos mais fortes.

Bianca Santana[2]

Boa noite. Quando olhamos para o dado de que a cada 23 minutos um jovem negro é assassinado no Brasil, verificamos não serem da-

---

[2] Bianca Santana é escritora, mestre em educação e doutora em Ciência da Informação pela Universidade de São Paulo. Suas áreas de pesquisa são a memória e a escrita de mulheres negras. Jornalista formada pela Faculdade Cásper Líbero, onde foi professora, é autora de *Quando me descobri negra* (Sesi-SP, 2015) e de *Continuo preta: a vida de Sueli Carneiro* (Companhia das Letras, 2021). É ativista do movimento negro e contribui com a articulação da Coalizão Negra por Direitos.

dos do atual governo[3], mas dos governos que nós defendemos. Isso é gravíssimo. Nesses governos que nós defendemos, o número de mulheres brancas assassinadas caiu 9,8%, enquanto o feminicídio entre as mulheres negras cresceu 54%. Esses dados vão até 2013. O encarceramento de homens e de mulheres explodiu nesse período. Então, por mais que a gente faça acusações ao atual governo, e ele merece, pois uma família de milicianos não pode ocupar a Presidência da República deste país, o problema é anterior. Trata-se de uma família que tem ligação direta com o assassinato de Marielle Franco[4]. Ainda assim, nos governos que defendemos, a democracia não era plena. A Silvia é das poucas autoras brancas que conheço que vê centralidade na pauta racial. E, nas atuais formas de cerceamento e de caça às bruxas, precisamos olhar para o racismo religioso que tem destruído terreiros por todo o Brasil, especialmente na Baixada Fluminense, que tem perseguido e usado violência física contra pessoas vestidas de branco.

A Eliane falou de casos que ela ouviu de mulheres que são esterilizadas, ainda hoje, no Brasil. Eu tive, infelizmente, uma notícia recente de uma amiga, mulher negra de classe média alta, que foi esterilizada em um hospital da rede particular de São Paulo.

Isso acontece hoje, em 2019, com ela aconteceu em 2018, na rede pública e na rede particular também, de mulheres negras que vão tirar um mioma uterino porque querem engravidar e que saem do

---

[3] Refere-se ao mandato de Jair Bolsonaro (2019-2022).

[4] O assassinato de Marielle Franco, vereadora do Rio de Janeiro pelo PSOL, ocorreu no dia 14 de março de 2018, no Estácio, região central da cidade do Rio de Janeiro.

110

centro cirúrgico sem o útero. Então fica a minha solidariedade imensa a essa amiga e precisamos, de fato, prestar atenção também nisso.

Eu tenho pouquíssimo tempo, então vou precisar da ajuda de vocês. Muitos dos nomes que vou citar aqui, não vou ter tempo de aprofundar, mas espero que vocês busquem depois. Porque, se temos muitas formas de cercamento, também temos muita resistência, e eu gostaria de mencionar algumas, a começar pelo Instituto Marielle Franco, em que Anielle Franco, irmã de Marielle, tem feito uma batalha importantíssima, não só para, de fato, descobrir quem mandou matar Marielle, mas também de construção do legado político que Marielle iniciou.

Vocês também já devem conhecer a luta que a Áurea Carolina e a Talíria Petrone[5] estão travando no Congresso Nacional. Essas mulheres têm conseguido barrar retrocessos imensos e propor, de fato, direitos e leis que são importantes para nós, mas eu gostaria de mencionar, em especial, algo que elas têm feito, e que vocês podem procurar, sobre a consulta à população quilombola em relação à base de Alcântara.

Elas criaram um *site* chamado "Consulta Quilombola Já". Se vocês procurarem, vocês vão saber mais sobre o que tem acontecido no Maranhão. Infelizmente, naquele Congresso terrível na Câmara Federal, eles conseguiram aprovar com urgência a votação de um tratado entre o Brasil e os Estados Unidos para entregar aquele

---

[5] Áurea Carolina (PSOL-MG) e Talíria Petrone (PSOL-RJ), deputadas federais eleitas em 2018.

território para a construção de uma base que tanto afeta a soberania nacional como afeta a vida de oitocentas famílias que vivem naquele território.

O Brasil é signatário de um acordo internacional de que, quando isso acontece, as populações tradicionais precisam ser consultadas. Isso não ocorreu. Com base nisso, a Áurea Carolina conseguiu, apesar da aprovação de urgência, barrar a votação imediata e ela conseguiu do presidente da casa a garantia dele de que o projeto não tramitaria antes de um relatório do Ministério Público Federal, que, de fato, disse que as comunidades precisam ser consultadas.

Então, essas duas mulheres negras, obviamente, com apoio de aliadas e aliados negros e brancos, estão conseguindo, na unha, barrar retrocessos. Menciono também sobre Alcântara [no Maranhão, Nordeste brasileiro], a Neta Serejo, que é uma mulher quilombola de Alcântara, e a Selma Dealdina, da Coordenação Nacional de Articulação das Comunidades Negras Rurais Quilombolas (Conaq), que são mulheres que, em seus territórios, têm travado essa importante luta.

Hoje, na Conaq, há muitas mulheres quilombolas ameaçadas. Eu cito uma, Sandra Braga, do Quilombo Mesquita, perto de Brasília. O quilombo está cercado de fazendas de pessoas poderosas, incluindo a família Sarney.

Cavaram uma cova no quintal da família da Sandra dizendo que era para esperar o corpo dela. O pai da Sandra morreu do coração depois de a filha dele ser ameaçada outra vez. Esse é um cenário comum em todo o Brasil, especialmente na população rural.

112

Mas tem parlamentares aliados e aliadas, e acho que vale também mencionar. O Orlando Silva[6], um parlamentar negro aqui de São Paulo, que também tem feito um trabalho muito importante de conseguir, em um grupo de trabalho, barrar absurdos como a ampliação de excludente de ilicitude para policial que atirar e alegar forte emoção.

Outra coisa que foi barrada no grupo de trabalho é uma ampliação indiscriminada do banco genético de pessoas presas. Naquela proposta do Sérgio Moro, qualquer pessoa que passar pelo sistema carcerário vai ter sua amostra de DNA coletada, o que significa calcular, segundo a Maria José Menezes, que é da Marcha das Mulheres Negras de São Paulo e pesquisadora da USP, que eles vão ter, pelo menos, 2% dos dados de DNA de toda a população, o que é muita coisa, e que não tem nenhuma justificativa, científica ou para a segurança pública, de esses dados serem coletados e armazenados. Isso está a serviço do mercado.

Perguntas do público

• Gostaria de saber o que você pensa sobre o direito ao aborto no Brasil. Isso ainda não caminhou porque não lutamos suficientemente? Ou porque o número de mulheres que está nessa luta é muito pequeno?

• Agora que temos visto o movimento feminista se fortalecer e muitas mulheres jovens chegarem para a luta, também podemos ser vistas

---

6 Orlando Silva, filiado ao PCB, foi ministro dos Esportes de 2006 a 2011, tendo sido eleito deputado federal por São Paulo em 2014 e 2018.

como um momento de colapso? É justo com as mulheres e com a nossa luta pela democracia?

• Você acredita que a literatura possa fazer alguma coisa para ajudar a melhorar a experiência de resistência na sociedade?

• Vivemos hoje no Brasil uma paranoia de que as professoras estariam doutrinando as crianças. Essas duas coisas podem estar relacionadas? A perseguição aos professores por ser uma carreira feminina e essa paranoia de estarmos doutrinando crianças?

Silvia Federici

Não sei muito bem por que a luta pelo aborto no Brasil é pequena e por que poucas mulheres estão lutando pelo direito de abortar. Sei que isso não acontece nos Estados Unidos e em muitas partes do mundo. Na Argentina, é uma luta grande. Talvez aqui a religiosidade seja mais forte. Acredito que vocês possam responder a essa pergunta melhor que eu. Uma resposta que proponho se refere ao impacto da religião. Sei que tem havido um grande investimento por parte do Vaticano e das igrejas protestantes para atacar as mulheres e para travar uma guerra contra as que abortam. Essa é uma possibilidade.

Nos Estados Unidos, ter um filho é muito caro, e até mesmo das formas mais baratas é muito caro. Então sei que muitas mulheres não querem arcar com todo o custo. Em segundo lugar, ter filhos e ter de imediatamente trabalhar fora de casa é algo muito difícil.

114

Há uma grande hipocrisia. O direito à vida e a defesa da vida só duram enquanto o feto estiver no útero. No momento em que a criança nasce, eles não dão um centavo, um dólar, um real para a criança. Não se importam se a criança, depois de nascer, vai viver ou morrer, mas eles vão perseguir a mulher, chamando-a de assassina. Então talvez esse seja um motivo. Outra razão, talvez, é que, para muitos que foram privados de tudo, às vezes ter uma criança é uma das poucas alegrias que resta. Foi tirado tanto das pessoas que ter seu próprio filho, sua própria família, sua própria relação, dá sentido à vida. Essas são minhas duas possíveis respostas.

Sobre o movimento estar colapsando, eu não vejo dessa forma. Viajei pelo Brasil, fui à Bahia, ao Maranhão, a São Paulo várias vezes e tudo que vejo é muita luta. Na Bahia, fui a uma reunião, dois dias de reuniões com mulheres de todo o Brasil. Mulheres indígenas, mulheres do MST, mulheres de todo tipo de organização, cada uma delas tinha toda uma história de luta. As mulheres estão criando uma rede de apoio, estão lutando para defender suas comunidades, estão lutando para defender suas terras e suas florestas, estão lutando contra o poder. Não vejo um movimento em colapso. Vejo um movimento poderoso crescendo. Quanto aos professores, há mesmo uma guerra nas escolas agora contra os professores. E muitos dos professores são mulheres. Essa guerra não acontece só no Brasil. Sei que na Itália há uma disputa para se mudar os livros de história, até os de 1º ao 5º ano. Querem reescrever a história, porque a história é perigosa por fazer as pessoas chegarem perto da verdade. Sempre foi importante conquistar a criança desde pequena, e é por isso que ensinar é um trabalho tão decisivo. Muitas vezes são as mulheres que ensinam, pois a escola é quase uma continuação da criação dos filhos. Frequentemente, o ensino tem sido desvalorizado, por ser feito por mulheres. Educar a nova geração é parte da criação de um novo mundo.

Perguntas do público

• No capitalismo, tudo se mercantiliza, vende-se tudo como mercadoria, sexo e atividades intelectuais. Na sociedade que queremos construir, o sexo também poderá ser mercantilizado?

• Como você compreende a questão das mulheres transexuais no contexto da organização do trabalho reprodutivo?

Silvia Federici

A sociedade que quero construir não será construída na compra e venda de corpos ou de trabalho humano. Ao mesmo tempo, como alguns de vocês provavelmente sabem, também sou contra o tipo de demonização que algumas feministas fazem sobre o trabalho sexual. As mulheres têm vendido seus corpos de diversas formas. Você vende seu corpo no casamento, por exemplo, você casa por segurança. Você vende seu trabalho sexual fora de casa para se manter, não para fazer sexo, ou para ganhar uma promoção. Tantas vezes as mulheres tiveram menos acesso aos recursos que os homens, menos acesso ainda à

116

propriedade, aos salários, em comparação aos homens. Então vender serviço sexual tem sido uma forma para as mulheres de sobreviver. É um problema clássico.

Também não se enxerga que muitos trabalhos hoje não são opções melhores para as mulheres. As feministas não deveriam se meter e falar para as mulheres que tipo de exploração queremos, que tipo de exploração é apropriada e que tipo de exploração não é. Acho que nossa luta deveria ser para tornar possível a todas não terem de vender a si mesmas. Essa é a verdade.

Pergunta do público

• Em uma perspectiva de trabalho doméstico não remunerado, como você enxerga a heterossexualidade e a monogamia no que diz respeito ao controle dos corpos femininos?

Silvia Federici

Heterossexualidade e monogamia. Primeiramente, a monogamia só é verdadeira para as mulheres, porque os homens nunca praticaram a monogamia. E a heterossexualidade e a monogamia, e toda a organização do núcleo familiar obviamente foi feita para ser funcional para o mercado de trabalho e para a reprodução da força de trabalho. Então essa é a minha resposta. Acho que tem sido a condição de reprodução instituída pela classe capitalista. Isso também tem estado no centro do desafio do movimento feminista e está ligado à questão da transexualidade. A heterossexualidade e a compulsão à identificação sexual obrigam você a ser homem ou mulher. Muitas pessoas intersexuais, que não têm uma definição biológica clara, estão sendo torturadas por médicos e cirurgiões para se encaixarem em um dos dois moldes.

Pergunta do público

• Como você vê a violência doméstica e o feminicídio no Brasil?

Silvia Federici

Acho que vocês podem responder a essa pergunta melhor que eu. Porque posso falar sobre feminicídio e violência doméstica na Europa e nos Estados Unidos, mais especificamente. Posso dizer que a violência doméstica é um elemento estrutural da organização da família tradicional. Ela não é um problema só de alguns homens violentos ou de muitos homens violentos, é um elemento da organização da vida familiar. E vou explicar o que isso significa. A forma como a família é construída pressupõe um homem, que geralmente é quem traz o dinheiro. Ele é reconhecido como o trabalhador, e tradicionalmente tem-se a mulher, que é a esposa dependente. Espera-se que ela o sirva. Ele tem o poder, ele reconhece socialmente que ela não tem, então a violência é parte dessa configuração, pois, de certa forma, por meio do salário, do dinheiro, o Estado e o capital dão o poder aos

118

homens para disciplinar as mulheres. É o pai e marido que disciplina a mulher na casa. Ele pode dizer: "Não saia". Ele pode dizer: "Você não pode fazer isso. Faça isso. Faça aquilo".

Até recentemente, por exemplo, o homem podia forçar a mulher a fazer sexo nessa família, ela querendo ou não, não importava, ela não podia ir ao Estado ou à polícia e dizer: "Meu marido me estuprou". Entendia-se que, pelo casamento, ele ganhava o poder de obter os serviços dela, ele a sustenta economicamente, então ele tem o direito de chegar em casa, de ter comida, a casa tem de estar limpa, ela deveria estar pronta para fazer sexo etc.

A violência frequentemente tem a ver com disciplinar o trabalho dela, disciplinar a mulher. Se a casa não está limpa, se a comida não está pronta, se as crianças estão gritando, se ela não quer fazer amor... Esses são os exemplos clássicos da violência doméstica, desde sempre tolerada pelo Estado, porque é reconhecido que isso é parte da organização do trabalho doméstico. Ele tem o direito a certos serviços e pode usar a violência da mesma forma que os pais têm o direito de bater nos filhos. Temos de fazer disso uma questão para o feminismo.

Precisamos dizer "não" à violência contra nós e à violência contra as crianças. Acho que o movimento feminista não levantou a questão da violência contra as crianças com força suficiente e isso é um problema real. Vocês já ouviram essa história? "Ele bateu porque a amava demais." E os pais estão batendo nas crianças porque as amam demais, se preocupam com o que acontece com elas. Na realidade, esse tipo de violência não é considerado violência, pois é funcional para a criação de trabalhadores futuros. A criança é um trabalhador em treinamento, e o Estado delega à família, aos pais, o direito de bater. Nenhum pai vai para a cadeia, a não ser que mate a criança. Não era para matar a criança. Na verdade, não era para matar os escravos também. E o feminicídio vem de várias e novas formas, pois não acontece só na família. Agora, temos muita violência contra a mulher, e é uma violência que tem a ver com as lutas que as mulheres estão travando. Estava dizendo antes que as mulheres estão travando uma grande luta para defender suas comunidades, para defender, por exemplo, contra uma mina ou uma empresa de petróleo que vai destruir a terra, as águas, o bem-estar da comunidade. Então é por isso que muitas mulheres estão sendo atacadas pelos paramilitares, pelo narcotráfico. As mulheres estão defendo suas comunidades nos centros urbanos, em termos de moradia, em termos de fornecer um tipo de apoio ou de subsistência. E as mulheres estão lutando para não serem submetidas e a não serem socialmente subordinadas, para terem autonomia, e é por isso que estão se tornando mais e mais o alvo de muitos homens.

Cheguei à conclusão de que toda violência é institucional, porque a razão para muitos homens poderem matar uma mulher é por sentirem que não serão punidos.

É importante observar que a violência não é só algo físico, feito com uma arma ou com uma faca. A violência também é econômica. Há leis e práticas econômicas que levam as pessoas a passarem fome, que levam à desapropriação e ao deslocamento. Isso é violência.

120

Perguntas do público

• Como a senhora chegou a essa tese de caça às bruxas na era contemporânea? Como a senhora vê a captura dos desejos das lutas populares pelo sistema capitalista?

• Aqui no Brasil está em curso uma campanha pró-adoção, modificando o Estatuto da Criança e do Adolescente, a fim de facilitar e acelerar a destituição do pátrio poder, com a justiça, com a justificativa de se proteger as crianças. Como entende isso?

Silvia Federici

Vamos lá. A caça às bruxas hoje não é uma tese. Estão matando as mulheres acusando-as de serem bruxas. Milhares de mulheres estão sendo mortas na África e na Índia acusadas de serem bruxas. Em meu livro, faço a conexão entre a ressurgência da caça às bruxas e as novas formas de acumulação capitalista. O ataque a terras de comunidades, o processo de empobrecimento, o deslocamento de toda uma população, eu faço uma conexão com a caça às bruxas e também faço a conexão com o alastramento ao redor do mundo de muitas seitas protestantes que usam como retórica a ideia do demônio e da conspiração do demônio e pecado etc. Essas seitas religiosas, pentecostais, evangélicos, têm tido um grande impacto em muitas partes do mundo nas últimas três ou quatro décadas, trazendo de volta toda a questão do demônio.

E eles vão às populações, às áreas do mundo onde as pessoas estão sob um terrível estresse por terem sido expropriadas e estão empobrecendo pela ação do Fundo Monetário Internacional, por uma política de austeridade, e assim por diante. E membros dessas seitas dizem: "Se você é pobre, não é por causa do FMI, é porque há pessoas na sua comunidade que estão conspirando contra você". Temos de considerar isso.

Sobre a campanha pela adoção. Toda a questão da adoção é séria, pois mais uma vez os pobres têm visto seus filhos serem levados deles. Há também os casos de barriga de aluguel. Muitas mulheres estão em tamanho estado de pobreza que têm de alugar seus úteros para ganhar dinheiro. Espera-se que tragam filhos ao mundo, mas não para elas mesmas. Espera-se que os tragam ao mundo para outras pessoas. E é disso que se trata a barriga de aluguel. E a adoção é bem similar a isso.

A questão dos bens comuns. As mulheres estão reconstruindo os bens comuns em todo lugar. Falei antes sobre a luta sobre a qual ouvi de mulheres indígenas, de mulheres em centros urbanos, de mulheres no campo, de mulheres da Amazônia: as mulheres estão defendendo seus bens quando defendem a floresta ou a terra ou as águas, de uma empresa de mineração ou de petróleo. Estão defendendo seus bens comuns, estão dizendo que a Terra pertence a todos e todas, e não à empresa de mineração ou de petróleo. As pessoas estão ultrapassando as propriedades privadas, as pessoas estão lutando para construir seus bens comuns. E isso é muito importante.

Sobre as autoras

Angela Davis é filósofa, professora emérita do departamento de estudos feministas da Universidade da Califórnia e ícone da luta pelos direitos civis. Como ativista, ligou-se ao grupo Panteras Negras e ao Partido Comunista dos Estados Unidos. Foi presa na década de 1970 e ficou mundialmente conhecida pela mobilização da campanha "Libertem Angela Davis". Foi candidata a vice-presidente da República em 1980 e 1984. Pela Boitempo, publicou *O sentido da liberdade e outros diálogos difíceis* (2022), *A liberdade é uma luta constante* (2018) e *Mulher, raça e classe* (2016).

Patricia Hill Collins é professora emérita do departamento de sociologia da Universidade de Maryland. Foi a primeira mulher negra a presidir a Associação Americana de Sociologia. É considerada uma das mais influentes pesquisadoras do feminismo negro nos Estados Unidos. Pela Boitempo, publicou *Bem mais que ideias* (2022), *Interseccionalidade* (2021) e *Pensamento feminista negro* (2019).

Silvia Federici nasceu na Itália, em 1942, e é escritora, professora e militante feminista. No fim da década de 1960, mudou-se para os Estados Unidos; lá, em 1972, ajudou a fundar o International Feminist Collective [Coletivo Internacional Feminista] e lançou uma campanha por salários para o trabalho doméstico. Pela Boitempo, publicou *O patriarcado do salário* (2021) e *Mulheres e caça às bruxas* (2019).

Outras obras das autoras pela Boitempo

ANGELA DAVIS

Uma autobiografia
Tradução de **Heci Regina Candiani**
Prefácio de **Raquel Barreto**
Orelha de **Anielle Franco**
Quarta capa de **Zezé Motta**

A liberdade é uma luta constante
Organização e introdução de **Frank Barat**
Tradução de **Heci Regina Candiani**
Prefácio de **Cornel West**
Prefácio à edição brasileira de **Angela Figueiredo**
Orelha de **Conceição Evaristo**

Mulheres, cultura e política
Tradução de **Heci Regina Candiani**
Orelha de **Vilma Reis**

Mulheres, raça e classe
Tradução de **Heci Regina Candiani**
Prefácio de **Djamila Ribeiro**
Orelha de **Rosane Borges**

O sentido da liberdade e outros diálogos difíceis
Tradução de **Heci Regina Candiani**
Apresentação de **Robin D. G. Kelley**
Orelha de **Zélia Amador de Deus**
Quarta capa de **Erika Hilton** e **Jurema Werneck**

PATRICIA HILL COLLINS

Bem mais que ideias: a interseccionalidade como teoria social crítica
Tradução de **Bruna Barros** e **Jess Oliveira**
Orelha de **Elaini Cristina Gonzaga da Silva**

Interseccionalidade
COM SIRMA BILGE
Tradução de **Rane Souza**
Orelha de **Winnie Bueno**

Pensamento feminista negro
Tradução de **Jamille Pinheiro Dias**
Orelha de **Nubia Regina Moreira**
Quarta capa de **Angela Davis** e **Djamila Ribeiro**

SILVIA FEDERICI

Mulheres e caça às bruxas
Tradução de **Heci Regina Candiani**
Prefácio de **Bianca Santana**
Orelha de **Sabrina Fernandes**
Quarta capa de **Maria Orlanda Pinassi**

O patriarcado do salário
Tradução de **Heci Regina Candiani**
Orelha de **Bruna Della Torre**

ARMAS DA CRÍTICA

O CLUBE DO LIVRO DA **BOITEMPO**

UMA BIBLIOTECA PARA **INTERPRETAR** E **TRANSFORMAR** O MUNDO

Lançamentos antecipados
Receba nossos lançamentos em primei a mão, em versão impressa e digital, sem pagar o frete!

Recebido camarada
Todo mês, uma caixa com um lançamento, um marcador e um brinde. Em duas caixas por ano, as novas edições da *Margem Esquerda*, revista semestral da Boitempo.

Fora da caixa
Além da caixa, a assinatura inclui uma versão digital do livro do mês*, um guia de leitura exclusivo no Blog da Boitempo, um vídeo antecipado na TV Boitempo e 30% de desconto na loja virtual da Boitempo.

Quando começo a receber?
As caixas são entregues na segunda quinzena de cada mês. Para receber a caixa do mês, é necessário assinar até o dia 15!

FAÇA SUA ASSINATURA EM
ARMASDACRITICA.COM.BR

*Para fazer o resgate do e-book, é necessário se cadastrar na loja virtual da Kobo.

Patricia Collins, Angela Davis e Silvia Federici.

Imagem de divulgação das conferências internacionais do seminário Democracia em Colapso?, organizado pela Boitempo, em parceria com o Sesc São Paulo, em 2019.

A publicação desta obra, em dezembro de 2023, quatro anos depois do seminário que lhe deu origem, ocorre após o fim de um período de trevas em nosso país e é parte do esforço para restaurar a democracia, tirando-a do colapso que o título do evento mencionava. Um registro que vai consolidado neste livro, composto em Adobe Garamond Pro corpo 12/18, e impresso em papel Pólen Natural 80 g/m², pela gráfica Rettec para a Boitempo, com tiragem de 5 mil exemplares.